京都　冬のぬくもり

柏井壽

光文社新書

はじめに

玄冬。冬を言い表すに、もっとも僕の好きな言葉。玄《げん》は黒。冬《とう》は白。

――冬はつとめて。雪の降りたるは言うべきにもあらず。霜のいと白きも、またさらでもいと寒きに、火など急ぎおこして、炭持てわたるも、いとつきづきし――

清少納言が、そう『枕草子』に記した平安の頃の冬景色は、今も京都に息づいている。常は艶《あで》やかに彩られる京都も、冬はシンプルなモノトーン。春秋の厚化粧を落とし、素顔を見せるのが冬の京都だ。

十二月十三日。京都の年迎えはこの日からはじまる。その名もずばり「事始《ことはじ》め」。花街では「おめでとうさんどす」の言葉とともに、芸妓、舞妓が挨拶回りに忙しく立ち回る。華やいだ空気は洛中《らくちゅう》にも伝わり、「おことうさんです」と言葉を交わす。

京都の冬は本当に寒い。盆地特有の寒さ溜《だ》まりを怖れてか、一年の中でもっとも観光客の姿が少なくなる。となれば、京都は京都を演じなくても済むわけで、ホッとひと息ついて、素顔に戻る。観光客の目を意識しなくなる、というよりも、意識している余裕がない、というのが本当のところ。それほど都人にとっての冬は、暮らしの行事が目白押しなのである。

「事始め」が済むと、いよいよ新たな年を迎える準備に余念がない。ハレとケの使い分けをことのほか重んじる京都人にとって、年迎えは数少ないハレのとき。

しかし、年を迎えるためには、年を閉じなければならない。閉じるには感謝の気持ちを持って臨むのが都人のつとめ。針供養をこの時期に行うのは、それゆえのこと。

家のうちそとの新年飾り、おせち造り、来客に対する準備などなど。普段は固い財布の紐も、このときばかりは緩んでしまう。その勢いに乗って、「吉例《きちれい》顔見世興行」にも顔を出す。

ひとときの愉《たの》しみの後は、大掃除。いよいよ新たな年を迎える。

『八坂さん』へ「をけら詣り」、近所の氏神さんへ初詣《はつもうで》。晴れやかな時間はしかし、敬虔《けいけん》な祈りとともに。

七草粥、小豆粥と正月疲れを癒し、初釜、初観音、初弘法、初天神と、初めてが続く。

もうひとつの年越し、節分ともなると、柊《ひいらぎ》と鰯が主役を演じ、一年の厄《やく》を祓《はら》う。

初午《はつうま》には稲荷詣《もう》でと稲荷寿司。絶え間なく行事が続く。

そうこうする内、梅の花が開きはじめ、馨《かぐわ》しい香りを漂わせる。梅の花見は都人の愉しみ。桜の花は旅人を集わせるが、梅はさほどでもなく、北野の『天神さん』や、『京都御苑』の梅林には、わざわざに足を運び、その香りに酔うのが京都人の春迎え。

玄白が、少しずつ桃色を帯びはじめ、やがて桜色に変わるまでの、わずかな季が、素顔の京都。これを過ぎると、舞妓が唇に紅をさすように、都は化粧をはじめる。

師走の半ばを過ぎ、節分を過ぎ越すまでの間、すっぴん京都を眺めるなら、この間《あわい》しかない。寒さに震えながら、冬ならではの味覚に心の底を温める。冬京都のぬくもり。

目次

はじめに 3

第一章 冬京都 ひなみ つきなみ……13

一・十二月 15

吉例顔見世興行／事始め／煤払い 御身拭い／大根焚き／市の愉しみ／終い天神／『知恩寺』の手づくり市／「阿闍梨餅」と銘菓「満月」／をけら詣り／『井澤屋』の「りんりん巾着」

二・一月――京の正月 38

初詣と初午――『伏見稲荷大社』／初釜――『幸楽屋』の「花びら餅」

／初ゑびす／七福神巡り／『泉涌寺』の七十二福神巡り

三．二月――底冷え、湯と祈り　55

『くらま温泉峰麓湯』／『京都タワー大浴場』／京福電鉄「嵐山」駅の足湯／京の銭湯／『船岡温泉』／水尾の柚子風呂／節分参り――恵方巻きと鰯／『吉田さん』

第二章　冬の京歩き――ぬくもりを求めて……73

一．烏丸通を歩く――五条から御池辺りまで　74

地名に残る歴史／漢字と和歌を味わう／飛んできた薬師如来像／道真公の足跡／『桜田』でお昼ご飯／『グリルTOYO』／仏の光／変化する錦小路／《時代都市》京都の名建築／蛸の不思議／「へそ石餅」と「縁結びの柳」／人の集まる書店／街角看板ギャラリー①――山本竟山・竹内栖鳳・北大路魯山人／街角看板ギャラリー②――富岡鉄斎

二．寺町通を歩く――三条辺りから丸太町まで　112
『更科よしき』と『生そば常盤』／『矢田寺』の迎え鐘／『スマート珈琲店』のホットケーキ／『本能寺』の火伏せの銀杏／粋なショッピングストリート／革上人と八所御霊

第三章　京の冬の味　131

一．京の冬の美味　133
1．蒸し料理　133
『末廣寿司』の「むし寿司」／『一平茶屋』の「かぶら蒸し」／『祇をん松乃』の「せいろむし」
2．京の鍋料理　138
『山家』の「鴨のはりはり鍋」／『畑かく』の「ぼたん鍋」／『西山艸堂』の湯豆腐／『松川酒店』のおでん／『十二段家本店』の「しゃぶし

やぶコース」／『お食事処　安さん』の「ホルモン鍋」

3．冬のあったか料理　150
『丸太町東洋亭』の「ビーフシチュー」／『大黒屋』の「ねぎ蕎麦」／『山利』の白味噌／『松葉　京都駅店』の「にしんそば」／『平野家本家』の「いもぼう」／『祇園おかる』の「のっぺいうどん」／『辨慶東山店』の「辨慶うどん」

4．京の居酒屋　162
『赤垣屋』／『よしみ』

二．京の食店最新事情　166
〈食〉の二極化／「京・祇園」が軽くなる／天神市の包丁／名割烹の器／ネット情報の功罪／「京都入門」に怒る／ミシュランガイド京阪神２０１１年度版

第四章　冬近江の愉しみ……185
ついふらり、近江へようこそ／大津はちょっと大人です／『大津市歴史博物館』／祇園祭と大津祭／『三井寺』の悲話?／『しづか楼』の寒もろこと冬鴨

第五章　冬泊まりの宿……213
一．『俵屋』で春を待つ　214
『俵屋』に泊まる五つの理由／①庭との一体感／②細部に宿る美／③心安らぐ設えと寝具／④過ぎない美食／⑤細心接遇
二．リーズナブルな滞在に　223
ニューオープンの『ダイワロイネットホテル京都八条口』／「ウィークリー京都」を堪能する宿『守口ロイヤルパインズホテル』

おわりに　237
地図　244
本書で主に紹介した寺社・店舗・宿リスト　277

（編集部注）

本文中に掲載した寺社・店舗・宿の内容、商品サービス価格等の情報は二〇一〇年十一月現在のものです。これらの情報は変動する可能性がありますので、お出かけの前にはお問い合わせいただくことをおすすめいたします。

第一章

冬京都　ひなみ　つきなみ

日々の暮らしを通して、京都のあれこれを綴る「ひなみ　つきなみ」。夏からはじめて、秋、冬と三度目を迎えた。

季節の中でさまざま移ろいゆくのは、なにも京都だけに限ったものではなく、日本中どこでも同じ。とは言え、京都ならではの風物詩がある。これが行われると季節の到来を感じる、そんな行事も少なくない。

秋と冬の境は、年を追うごとに曖昧《あいまい》になってきた。二十四節気で言えば、霜降《そうこう》が過ぎ、立冬になれば冬到来となるはずが、実際にはこの時期、ようやく紅葉が追いついてきたといったところ。ちなみに師走に入ってからの紅葉、いささか時期外れの感があるせいか、十一月に比べて、はるかにそれを眺める旅人は少ない。気持ちさえ合わせることができれば、初冬の紅葉は穴場ではある。

ともあれ、早い冬と晩《おそ》い秋が重なる師走旅は、京都が素顔で過ごす行事を垣間見ることができる。年が明けるとともに、少しずつ化粧を濃くしていく都をつぶさにする。そして如月、節分から梅見へと、艶やかさを重ね、いよいよ桜の京都へと至る。

冬京都は、その日々の移り変わりを間近にできる。

一・十二月

吉例顔見世興行

「まねき」の上がった『南座』

師走を前にして十一月の末日。四条川端の南東角。『南座《みなみざ》』【地図Ⅰ㊾】に、黒々とした勘亭流《かんていりゅう》の筆文字で役者の名前が書かれた、「吉例顔見世興行」の「まねき」が上がる。都人はこれを見上げて師走が来たことを知る。

すでにその切符を手に入れた人も、いつかはと願いつつも、忙しさに追われ、いまだ叶《かな》わぬ夢を追う者も、同じ思いで、「まねき」看板を見上げる。また一年が過ぎていく、と。

忙しい時期ではあるが、年に一度の顔見世。贔屓《ひいき》の役者がいてもいなくても、足を運ばずにはいられない。弁当を携えて、花道のすぐ横に陣取り、掛け声をかける。

『菱岩』

十一月末日に初日を迎え、十二月二十六日に千秋楽を送るまで、ひと月の間、川端四条の『南座』前の歩道は、午前十時過ぎ、午後三時半過ぎ、午後九時過ぎと、一日三度にわたって大混雑する。入る客、出る客が入り乱れる午後三時過ぎがもっとも混み合う。

昼も夜も概《おおむ》ね五時間にも及ぶ長丁場ゆえ、どの時点でどんな食事を摂《と》るかも、悩み多き愉しみのひとつ。

昼興行の場合は、たいていが弁当。文字通り幕の内弁当を用意し、適当な幕間《まくあい》にこれを食べる。『辻留《つじとめ》』【地図H㊳】、『菱岩《ひしいわ》』【地図H㊵】。仕出し専門の名店ではこの時期、顔見世に合わせた弁当を作る。予《あらかじ》め頼んでおいて取りに行く。弁当を携えて、いそいそとまねき看板を見上げて席に着くと、師走の忙しさを忘れ去ってしまう。

問題は夜興行。舞台の後の昂揚《こうよう》感は独特のものがある。ましてやそれが「吉例顔見世興行」ともなればなお一層。昼と同じく弁当でも悪くはないのだが、舞台が跳ねてから急ぎ足で、馴染《なじ》みの店の暖簾《のれん》を潜《くぐ》るのがいい。

界隈《かいわい》には旨い店がひしめいている。玉三郎の〈遊女おかる〉を語り、〈曾我五郎〉を演じるはずだった海老蔵の休演を惜しみながら一献傾《いっこん》け、鮨でもつまめれば、これほどの贅沢はない。

『南座』を出たら一目散に東へ駆ける。大和大路、縄手《なわて》通を渡り、しばらくしてパチンコ屋の中を通り抜けるのが、ちょっとズルい裏技。『鮨まつもと』【地図H㊶】はすぐ目の前にある。ラストオーダーは九時半。事情を話して予約しておけば、駆け込みも許してくれるはず。

もしくは同じ通りに建つ『祇園松田屋』【地図I(51)】も江戸前鮨を京都で味わえる希少な店。いずれ劣らぬ味と、息の合った夫婦ならではのもてなしに、昂《たかぶ》った心が少しずつおさまっていく。

『祇園松田屋』の江戸前鮨

特別席は二万七千円だが、一番安い四等席五千五百円でも充分雰囲気は愉しめる。師走の京都を訪れたなら、『南座』の扉を開けるのも一興。

特に日にちが定められてはいないが、概ね十二月の上旬に、「顔見世花街総見」という行事もある。これはかつて顔見世の景気づけとしてはじまったもので、市内五花街の舞妓、芸妓が花街ごとに打ち揃って見物に訪れるもの。名優の演技を観て、自らの芸を磨こうという意味合いを持ちながら、桟敷《さじき》席に華やかな空気と彩りを添える役割をも果たす。運よくこの日に出会えたなら、顔見世の記憶が一層艶やかになることだろう。

事始め

十二月十三日、「事始め」から文字通り、京都のお正月ははじまる。花街祇園では、お師匠さんに挨拶に出向く舞妓や芸妓さんたちの、「おめでとうさんどす」の声が行き交い、早くも晴れやかな正月気分に包まれる。「事始め」の「事」は、お正月準備を指すのだ。

西陣《にしじん》辺りの伝統ある商家でも、同じような風習があり、その場合は分家から本家へ、鏡餅を持参し、過ぐる年の礼を述べ、丁重に挨拶する。

テレビや新聞のニュースで採り上げられるのは花街のほう。たいていは京舞の家元、井上八千代師宅を訪れ、弟子たちから贈られた鏡餅が飾られる様子を映し出す。家元は答礼《とうれい》として、扇を手渡しながら来たる年の精進《しょうじん》を励ます。

ひと足先に正月が来たかのような華やかな行事はしかし、花街だけでなく、都人の間で広く行われていたと聞くが、僕の記憶にはほとんど残っていない。ただ、この日を境に急に使われ出す言葉があり、それは師走限定だったように思う。

「おことうさんどす」。今では滅多に聞かなくなったが、僕が子どもの頃までは、決まり文句のようにして、師走の京都を飛び交った「京ことば」である。

「おことうさん」は「お事多さん」が訛《なま》ったもの。正月準備の〈事〉が多くなることを、互いに慰め合う意味の言葉。

他の雑事と違って、正月準備は、忙しさの中にもどこか長閑《のどか》さがあり、そのせいか、「おことうさんどす」という挨拶には、決まって笑顔が添えられていた。

消えていった言葉と同じく、今はまったく見かけなくなったが、事始めの頃の民家の玄関先には不思議な札が貼られていた。

短冊状に切った和紙に「十二月十二日」と、ただそれだけが書かれた札が、天地を逆にして、玄関戸の横に貼られる。それはたいてい、正月の飾りに取って代わられ、わずかの期間だけのものだった。

十二月十二日は、かの大泥棒、石川五右衛門《ごえもん》の命日。これを逆さにして貼ると、泥棒除《よ》けになるという民間信仰だった。年の瀬の資金繰りに難渋《なんじゅう》した向きが多かったのか、年の暮れが近づくと泥棒が横行するという警戒心の発露だったのだろう。さしずめ今なら、警備会社のステッカー。威嚇《いかく》するようなそれとは違い、かつては何をするにも風情があったことを示す好例。絶滅したことが惜しまれる。

煤《すす》払い　御身拭《おみぬぐ》い

お事多い、その最大の難関は大掃除だろうか。他の街と違って、洛中の大掃除は、押し詰まってからではなく、「事始め」とほぼ時を同じくしてはじまるのが特徴。

街方に大掃除を促すように、寺方《てらかた》の大掃除の報せが新聞紙上をにぎわす。それが「煤払い」や「御身拭い」。

東西、両『本願寺』【地図J・L】では、堂内の畳を竹棒で叩き、舞い上がるほこりを大団扇で煽いで、庭へ追いやる。ユーモラスな光景である。あるいは宇治『萬福寺《まんぷくじ》』【地図Q】の「煤払い」、東山『三十三間堂』【地図K】の「御身拭い」などが、ニュースの常連。

この効果は絶大なものがあって、寺方があれほど一生懸命にやっているのだから、と背中を押されて、重い腰を上げ、大掃除に精を出す。つまりは寺方がまずはお手本を示すのである。

大掃除にも順番があって、二十日頃の『本願寺』「煤払い」、クリスマスの『知恩院』【地図H】「御身拭い」と続き、仕事納めの頃の宇治『平等院』「鳳凰《ほうおう》堂」【地図Q】「御身拭い」が最後を飾る。その様子が映し出される度に、我が家と比べ、さらなる掃除を迫られる。

師走はしたがって、寺と市民の距離がうんと近くなる時期でもある。普段はただ信仰の対象として崇《あが》める寺だが、年の瀬ともなると、民と同じように掃除をする。身近に感じる所以《ゆえん》だ。

大根焚《だいこだ》き

事始めから遡《さかのぼ》って、七日から十日あたりにかけて、京都の寺では大根が焚かれ、これが参拝者にふるまわれる。これが「大根焚き」。その起源の違いもあって、寺によって少しずつ趣《おもむき》が異なる。

僕に身近なのは『大報恩寺《だいほうおんじ》』、通称『千本釈迦堂《せんぼんしゃかどう》』【地図E】。本シリーズではお馴染みの寺だ。鎌倉時代、釈迦が悟りを開いたことにあやかり、この寺の慈禅《じぜん》上人が厄除《やくよ》け祈願に大

聖護院大根

根をふるまったのがはじまりとされる。

この寺の「大根焚き」の特徴として「聖《しょう》護《ご》院《いん》大根」を使うことがある。冬の京野菜を代表する「聖護院大根」はずんぐりむっくり、蕪《かぶ》に似た形をしている。と、ここまで書いてきて、あの希少な食材を今も使っているのだろうかと気になって、問い合わせてみて納得……、いや残念。今は普通の大根を使うことが多いそうだ。が、しかし、梵字《ぼんじ》を切り口に記すしきたりはずっと続いているとのこと。

大鍋で焚かれた大根をいただくと、さてその効能は？

「ちゃんと食べなあかんで。中《ちゅう》風《ぶ》除《よ》けになるさかいな」

そう祖母に言われて、子ども心に一心にむさぼり食べたが、さてその中風って何だろう、と疑問に思ったことを今になって思い出す。

中風は中《ちゅう》気《き》とも言い、脳卒中の後遺症を言った。悪い風に中《あた》ると半身不随になるといったところか。つまりは脳疾患予防に大根を食べるというわけだが、はたしてその効果はいかほどだろうか、などと詮索《せんさく》するのは野暮というもの。そう思った人が多かったせいなのか、今ではこれを食べると風邪をひかない、に変わった。ここにも時代の流れを感じる。

もう一軒。『大報恩寺』に遅れること一日、二日。嵯峨鳴滝《なるたき》『了徳寺《りようとくじ》』【地図N】の「大根焚き」も京都人には馴染みが深い。

『了徳寺』と「大根焚き」、馴染みが深過ぎて、というか、失礼にもというか、ここは通称は『大根焚寺』。というのも、そもそもがこの寺は、大根を焚くことからはじまったと言ってもいいからである。

『了徳寺』の「大根焚き」

鎌倉の頃。親鸞《しんらん》上人が愛宕《あたご》の寺からの帰途、この地鳴滝で説法をし、その礼にと村人が塩で焚いた大根を捧げたことから、この行事がはじまったとされる。それゆえ今も、聖人のご真影に供えるものだけは塩で焚き、参拝者にふるまう分は醤油で焚くという。八百年近い時を経ても、変えてはいけないことと、変えていいことを区別して、踏襲《とうしゆう》していく。正しき京都の姿がここにある。

「大根焚き」の寺をもう一カ所。『了徳寺』にほど近い、同じ鳴滝の『三寳寺《さんぼうじ》』【地図N】。おそらくはこの寺が、「大根焚き」の口火を切るはず。

こちらは日蓮《にちれん》上人の命日が新暦の十二月初旬にあたることから、概ね、十二月の第一土、日に行われる。平成二十二年なら、四日、五日になるはず。洛中からはかなり離れるので、必ず事前に問い合わせたい。

ちなみにこの『了徳寺』の「大根焚き」。一年の罪穢《けが》れを祓うと言われている。穢れだらけの身としては、何をおいても駆けつけたいところ。

市の愉しみ

京の市めぐりをしようとすれば、

1. 弘法さん（『東寺《とうじ》』【地図L・M】弘法市）
毎月二十一日。約千二百〜千三百店舗。
2. 天神さん（『北野天満宮』【地図E】天神市）
毎月二十五日開催。千店舗以上。

3．『知恩寺《ちおんじ》』【地図C】手づくり市
毎月一五日。食品から工芸品まで。
4．『上賀茂神社』【地図広域】手づくり市
毎月第四日曜。二百五十店舗。
5．『因幡《いなば》薬師』【地図J】手作り市
毎月八日。約四十店舗。

主な市だけでも、ざっとこれくらいはある。他にもまだ僕の行ったことのない市もあるだろうが、訪ねてもいない市を紹介するわけにはいかない。右に挙げた市は、どこも訪ねて後悔しないものだ。

1．2．と3．以降は、その内容が異なり、前者はプロの業者が並び、後者はアマチュアの手作り品がメインとなる。

京都の市といえば、まずは1．『東寺』の「弘法市」と2．『北野天満宮』の「天神市」。それぞれ、お大師さまと、天神さまの命日にちなみ、前者が二十一日、後者が二十五日に開かれる。雨天決行だが、荒天になると、やはり出店数はかなり少なくなる。

植木、食品、衣料、雑貨、陶磁器、家具、装飾品と、ありとあらゆる商品が、新古織り交ぜて並ぶ様は圧巻。買わずとも、見て回るだけでも充分愉しめる。いくつかの市の冬の風情を紹介しよう。

「弘法さん」のにぎわい

終《しま》い天神

忙中閑《ぼうちゅうかん》あり、か、忙中閑を作り出す、か。どちらかは分からないが、忙しいときほど、閑《ひま》ったらしいことをしたくなるのが人間というもの。

一年の市の締めくくり、「終い弘法」、「終い天神」。年の瀬も押し詰まった頃、このふたつの市は、まるで踏み絵のように迫ってくる。

ともかくも毎月開かれているのだから、この年末の忙しいときに足を運ぶには、よほどの理由が要る。だが、たいていはそんな理由など見つかるわけもなく、無理やりこじつけて出かけることになる。大方は、そんな道楽が許されるはずもなく、仕方なく換気扇の掃除や、神棚の整理を強いられることとなるけれど。

月並みな市と違って、終いの市には独特の空気が流れている。忙中閑というのは、この市のために作られた言葉ではないかと思えるほど、ぴたりとはまる。誰もが忙しく立ち働く年の瀬の一日、骨董屋や植木屋をひやかすゆとり。それは平日の昼酒にも似て、媚薬《びやく》のように誘う。

＊

時は十二月二十五日。大掃除の真っ最中。神棚を掃除するのはたいていが夫の役目だ。

「このお神酒《みき》徳利《どつくり》、えらい傷んでるがな。このまま年越すわけにはいかん。神さんが気ぃ悪うしはるで」

「そんなもん、ずっと前からですがな。綺麗に磨いといたらよろし。神さん、怒ったりしはらしません」

勘のいい妻は、夫の魂胆《こんたん》をすぐに見抜いて、くぎを刺す。

「あ、そや。今日は天神さんやがな。たしかこの前、ええお神酒徳利あったで。ちょっと覗《のぞ》いてくるわ」

どうあっても市を覗きに行きたい執念を見せる。

「ふーん。家の中、なんにも片づいてへんのに、天神さんへ行かはるの。余裕あるんどすな」

嫌みのひとつも言わなければ収まらないが、止めて止められるものではないことも充分承知している。

年季の入った夫婦ならではのやり取りを、なんとかやりすごして、夫はいそいそと「天神市」へ出かける。

＊

「天神市」の店の配置は、ずっと昔から変わらない。古道具や骨董は境内《けいだい》の東側の通り、石垣を挟《はさ》んで境内の中をそれと平行に走る通り、そのふた筋が合流して後、東門前の広場から北へ、境内の外、北側へと続く。

多少の例外はあるものの、今出川通《いまでがわ》から順に、上手《じょうて》から下手物《げて》へと移っていく。

今出川通から、北に上ってすぐ、古伊万里を得意とする露店が二軒並ぶ。蕨手《わらびで》唐草、花唐草、瓔珞紋《ようらく》、マニア垂涎《すいぜん》の藍色の器が所狭しと並ぶ。露店とは思えないような値札が付いているが、ここからが丁々発止、腕の見せ所だ。

昔ほどではないが、それでも年の瀬は、多少なりとも懐《ふところ》を温かくして新たな年を迎えたいというのが人情。常の月に比べて、うんと値切りやすい。終い天神の醍醐味はここにある。

二十年以上も前のことだが、「寒山拾得《かんざんじっとく》」の図柄を描いた、上手の中鉢に目が止まり、どうしても欲しくなった。が、藍九谷《あいくたに》をも思わせる見事な器には、それ相応の値段が付いている。いきなりこれを手に取るのは、市の素人。足元を見透かされるのを避けて、その隣の明治物、コバルト色鮮やかな印版《いんばん》の大鉢を取り上げて、値札を見る。先の器の倍以上の大きさだが、値段は十分の一以下。買いやすい値段が付いている。まずはこれを値切るところから勝負をはじめる。これを買い求める気持ちなど微塵《みじん》もないのに、だ。

「天神さん」の露店

すべての店がそうだと断言はできないが、概ね二割ほどは値切られることを想定して値札を付けているのが、市の露天商。お約束通り、二割弱値切ったところで財布を出し、交渉成立と見せかけ、ふと目が留まったかのようにして、お目当ての器を手に取る。
と露天商の主人の目の色が変わる。値ごろな明治物は、放っておいても売れるものだが、上手の器はそうはいかない。目利きが現れ、しかもそれを手に取るチャンスは、そう多くない。この機を逃してなるものかとばかり、それがいかに素晴らしい器で、仕入れ値が高くて、しかしそれでも、この値段は相場からかけ離れて安いと語る。

そんな高価な器を買うつもりなど、毛頭なかったが、そこまですすめるのなら、買ってもいいかな、という風を装う。露天商の頭の中は混乱を極める。もうひと押しすれば、これが売れるかもしれない。となれば、売り上げは一挙に十倍を超える。店主の目つきが真剣な眼差《まなざ》しに変われば、あと一歩。上手を元の位置に戻して、改めて明治物を手に取る。ここで大切なのは、ひとつにため息。無言ではあるものの、そのため息に、「あれも欲しいけど、そんな心づもりもしてないので、今日はこれにしておこう」という気持ちを籠《こ》める。「終い天神」ならば、この気持ちが露天商に伝わる。

「今年も今日でお終いやさかいなぁ……。よかったら半値にしたるで」

まさか即決はしないだろうという油断と、売れたらラッキー、という気持ちが重なって、うっかり口が滑ってしまった。これを逃す手はない。「よし、買った!」となった。

そんな経過を辿って、我が家の水屋に納まった「寒山拾得」の中鉢は、客人が来た折の、とっておきの器となって、晴れ姿を見せている。

暮れも押し迫って、「終い天神」という言葉が新聞紙上に躍《おど》ると、僕は決まってこの器を思い出し、水屋からそっと取り出して悦《えつ》に入《い》るのだ。

気位が高い京都人は、普段、値切ることをよしとしない。売り手が決めた値段に文句をつけるのは下品だと思っているからだが、その反動なのか、市で、もっとも巧《うま》く値切るのは京都人だと、件《くだん》の露天商が苦笑いを浮かべていた。

京都旅の途上で買い求めた古物は、長く愛玩《あいがん》されるに違いない。

『知恩寺』の手づくり市

一方の手作り市。これらは先の二大市に比べると、うんと規模は小さい。『知恩寺』の手づくり市を覗いてみよう。

『知恩寺』。京都人は多くが、通称である『百萬遍《ひゃくまんべん》』と呼ぶ。これはまた東大路通と今出川通が交じる交差点の名でもある。あえて『知恩寺』と呼ばないのは、これより南、三条通を下ったところにある『知恩院』との混同を避けるためでもある。場所もほど近いせいで、たとえばタクシーに乗って『知恩寺』へ、と行先を告げると、必ず問い返される。

『知恩寺』？　寺でっか？　院でっか？　どっちです？」

それに答えるのが面倒なので、『百萬遍』へ、と告げ、東へ行って山門の前で降ろして、と言葉を足す。

門の前に立つと、すでに場内の熱気が伝わってくる。わいわい、ガヤガヤと、時折り笑い声さえ外に響いてくる。

『知恩寺』

普通の商店だとそうはならないのだが、市となると、つい急ぎ足になる。きっと何か掘り出し物があるにちがいない、それを誰かに取られまい、という意識が自然と働くのだろう。門を潜って、人だかりの後ろから覗き込んだ。どうやら手作り人形が人気の店のようだ。

伝統ある伏見人形、とまではいかないが、土をこねた素朴な人形は、来年の干支を意識してか、ウサギの姿が多い。素人の手作りといっても、セミプロと思《おぼ》しき作家はまだ若い女性。客との掛け合いも堂に入っている。心が動くが、まだほんの入口。買い求めるのは、全容を見てからでもいいだろう。

手作りとは言っても、玄人はだしの作品には相応の価格が付いている。さてこれらは値っていいものかどうか、と思いながら物色していると、手染めのストールを、いきなり値切り出した客がいた。浅葱《あさぎ》色の、草木染めのストールには四千円とあったが、二枚買うから半値にして、というのだ。つまりは二枚で四千円。総髪にひげ面の店主が、すかさず応じる。いくら頑張っても二枚で六千円だと。なかなかいい反応だ。と、買い手側のオバちゃんが友人を誘った。二人で二枚ずつ買うから八千円でどうだ、といいう。どうあっても一枚二千円で買いたいらしい。苦笑いしながら、店主が一枚二千五百円でと応え、結局オバちゃんは二枚を五千円で買って、友人と一枚ずつにしたようだった。

このようなやり取りには、取り巻きが参加して、相の手を入れることも。隣の店の主人や常連客。和気藹々《あいあい》の雰囲気は、手作り市ならではの長閑さ。

珈琲豆や洋菓子、おばんざい風の佃煮など、食品を扱う店もあり、人だかりができている。が、この市は出店者の間でも人気が高く、毎月抽選で店が決まるので、行ってみるまでは、どんなものが売られているかは分からない。そこがまた愉しみのひとつになっているようだ。

ちなみにこの『知恩寺』では、もうひとつの市が立つ。「秋の古本市」がそれ。毎年十一月の初め頃。文化の日を挟んで数日間開かれる。境内のみならず、百万遍の交差点から、山門を越えて東へと露店の古書店が並ぶ。チャリティーオークションなども開催され、古書好きには堪《たま》らない。京大が近いせいで、元々この界隈は古書店が少なくない。秋以外の季節には、「手づくり市」の行き帰りに覗いてみるのもおもしろい。

「阿闍梨餅」と「最中」

「阿闍梨餅」と銘菓「満月」

さて、この『知恩寺』を訪れたなら、必ず立ち寄りたい店がある。それは「阿闍梨餅《あじゃりもち》」で名高い『京菓子司 満月』【地図C②】だ。

平成十五年に出版した拙著『京都の値段』（プレジデント社）で紹介してから大ブレークした（と店の方から聞いた）銘菓「阿闍梨餅」は今や京土産の定番として人気が高く、出店《でみせ》では行列ができるほど。この本店が『知恩寺』のほど近くにある。

百万遍の交差点。北西の角から斜めに続く細道がある。「出町柳」駅へと通じる道を西へと辿り、鞠小路通《まりこうじ》を北へ上るとすぐ『満月本店』がある。むろん「阿闍梨餅」を求めてもいいのだが、その日が土曜か日曜だったら、店の名を冠した「満月」をぜひ。本店で土日限定で販売される希少な菓子。予約をしてから出向きたい。

京の街には多くの和菓子屋があるが、商う品数の少なさでは筆頭に挙げられるのが、この『京菓子司　満月』。

「阿闍梨餅」「京納言」「最中」そしてこの「満月」と、たった四種類の菓子だけを商う潔さが、人気を長く保つ秘訣かもしれない。

をけら詣り

やがて仕事納め、そしていよいよ大晦日。善男善女はこぞって『祇園さん』、すなわち『八坂神社』【地図H】を目指す。過ぎゆく年を惜しみ、来る年に望みを繋《つな》ぐ。そんな想いを火縄《ひなわ》に託す。境内に焚かれたご神火から移しもらった「をけら火」を消さぬよう、火縄をくるくる回しながら家路につく。

「をけら火」の「をけら」とは、キク科の植物のこと。秋には白ひげのような花を開く。漢方では胃薬として服用されることもあるという。燃やすと独特の臭《にお》いを発することから、厄除けになるとされたようだ。

篝火《かがりび》の中にこの根を投じると「をけら火」が燃える。都人。「をけら火」をまずは神棚のろうそくに移す。仏壇の灯明にも移した後、コンロに移し、若水を沸かし、朝一番の「大福茶《おおぶくちゃ》」を淹《い》れる。さらに雑煮の出汁《だし》を作る。

行く年と来る年の橋渡しをするのが「をけら火」なのである。

とは言うものの、旅人にはこの「をけら火」を持ち帰る家はない。ホテルでは始末に困るだろうが、旅館なら受け入れてくれるやもしれぬ。女将《おかみ》か仲居に尋ねてから出かけたい。

「をけら」はまた、万葉植物の「うけら」と同じ。『万葉集』には読み人知らずの恋歌がある。

——恋しけば　袖《そで》も振《ふ》らむを武蔵野の　うけらが花の　色に出なゆめ——

恋しくなったら、袖を振ってわたしを呼んでください。武蔵野に咲く「うけら」の花のように目立ったことはしないでください。そんな意だろうか。つまり「うけら」は万葉の頃、目立つ花の象徴だったようだ。

「をけら」は昆虫の名でも、ましてや「一文無し」のことでもない。万葉の花のことなのである。「をけら火」を見つめれば、優雅な万葉の時代が浮かんでくる。

『井澤屋』の「りんりん巾着」

せっかく「をけら詣り」に行って、その印を持ち帰れないのは寂しい限り。その代わりと言っては何だが、宿に持ち帰ることができて、年明けの朝を待つのが愉しみになる、あるものを紹介しよう。

子どもの頃、「をけら詣り」に祇園を訪れ、親にねだって必ず買ってもらったのがサイコロ型や鈴型の福箱。子ども向けにはおもちゃが入っていた。元旦を待ち切れず、除夜の鐘が鳴りはじめると急いで箱を開けたのも懐かしい思い出。サイコロ型は、金や銀の紙を貼った紙箱だったが、丸い鈴型は、麩菓子のような軟らかい皮でできていて、開く（割ると言わないのがお正月らしいところ）と粉々に崩れ、後の掃除が大変だったことも思い出す。

かつては四条川端辺りから、祇園石段下までの店先で多く売られていたが、今はどうなのだろう。長く「をけら詣り」から遠ざかっているが、絶滅はしていないはずなのでぜひ。

もしもそれすら叶わなかったら、せめても、新年を迎えるにふさわしいスーヴェニールを買い求めておこう。

年が改まれば財布を買い替えると縁起がいいと聞くが、一年に一度、財布を買い替えるなど、もったいなくてなかなか叶わない。ならば『南座』向かいの『井澤屋《いさわや》』【地図Ⅰ㊼】でその名も愛らしい「りんりん巾着」を買って、気分も新たに新年を待つ。

女性ならコスメ、男性なら身支度を整える小物を纏《まと》めるのに重宝する。

「りんりん巾着」

和装小物を豊富に揃える『井澤屋』には、他にも干支をあしらった縁起物や、愛らしいデザインの小物がずらりと店先に並んでいる。求めて帰り、ホテルのベッドサイドテーブルに置いておけば、めでたき新年の朝を迎えることができるに違いない。

二．一月――京の正月

京都がもっとも京都らしくなる季節、それがお正月。古き都に伝わる伝統行事は厳《おごそ》かに、かつ華やかに連綿《れんめん》と続く。

しんと静まり返ったしじまの中で、京都は新たな年を迎える。今ではうんと少なくなったが、それでも室町《むろまち》辺りの商家では、葉牡丹《はぼたん》や青竹を従えた立派な門松が飾られ、正月気分を盛り上げる。

一方で、町家造りの旧家では、男松と女松、一対を和紙で包み、水引で括《くく》って玄関の両側に飾るという質実なものが設えられる。商家は豪勢な、旧家は厳粛な空気を醸《かも》し出し、両者が相俟《あいま》って京都の新年を表す。

東に比べて、大がかりな門松が少ないのは、松の内を終えて、神社へ納めに行くのが大儀だから、と、まことしやかに書いている本があったが、誤解もはなはだしい。その程度の手間を惜しむほど、京都人は不信心ではない。

長い歴史を持つ彼《か》の冷泉家でも、正月飾りは和紙で包み、紅白の水引を結んだ、雌雄一対の根引き松を玄関の両側に飾るだけのシンプルなもの。伝統あるこまやかな年中行事を守り続ける冷泉家が、手間を惜しむはずがない。

粗製乱造《そせいらんぞう》の色が濃くなった、近頃の京都本。誤った知識をまことしやかに、ひけらかす本には要注意。

たしかに、かつては鴨川の空を泳いでいた奴凧《やっこだこ》も今は昔。ひと頃はゲイラカイトが我がもの顔に京都の街を睥睨《へいげい》していたが、今ではそれすらなくなってしまい、お正月、鴨川の河原に子どもの姿を見かけることがほとんどなくなってしまった。

しかし伝統は続く。京都で正月を迎える機会にもしも恵まれたなら、普段とはまったく異なる華やいだ京都の姿を垣間見ることができるだろう。

初詣と初午――『伏見稲荷大社』

家族揃って新たな年を迎えられた無事を祝ったら、まずは氏神さまへの初詣。続いて商売繁盛、家内安全、良縁祈願、さまざまな祈願を胸にお稲荷さん、『伏見稲荷大社』【地図K】へと連れ立つのが、多くの都人。

アクセスは二本の路線。ＪＲ奈良線なら、「京都」駅から二駅目の「稲荷」駅。京阪本線なら「伏見稲荷」駅で降りる。どちらの駅でも、降り立ったところから、すでに混雑がはじまる。昔に比べると少なくなったが、それでもやはり京都の街。晴れ着に身を包んだ女性たちが、華やかな正月気分を盛り上げてくれる。

多くが、家で雑煮を祝ってからおもむろに出かけるので、午前十時頃から混みはじめ、午後二時辺りにピークを迎える。旅人はできればこれを避けて出向きたい。早起きを厭《いと》わないなら、朝一番が清々《すがすが》しくも、神々しい。夜明けとともに鳥居を潜り、手を合わせたなら、奥へと進み、稲荷山へ分け入るのもいい。

平成二十三年、御鎮座千三百年を迎える『伏見稲荷大社』は、この稲荷山に三つの柱を祀ったことにはじまる、全国稲荷神社の総本山である。

さて初詣。とにかくも人波に続くしかない。手水舎《ちょうずや》で身を清めた後、楼門の前に立つ。門の両側に建つのが「神狐《しんこ》」。左右で口にくわえている物が異なる。向かって右側の狐は〈玉〉、左側は〈鍵〉。多くの参拝客はそれに気づくこともなく、通り過ぎていく。

お稲荷さんは、元々が土着の神と稲作の神が合体したもので、その名が示すように〈稲〉との関わりが深い。〈玉〉は

〈玉〉をくわえた神狐

祭神ウカノミタマの魂を表し、すなわち稲の霊。〈鍵〉は稲を刈る鎌の象徴とも、稲を貯蔵する蔵の鍵を指すとも言われている。稲荷神の使いである狐は、稲作の豊穣を祈っているのだ。「青丹《あおに》よし」は奈良に限った枕詞《まくらことば》ではない。この楼門などはまさにそれ。〈青〉と〈丹〉、すなわち朱色の彩色が美しい。ちなみにこの楼門、豊臣秀吉が寄進したものと言われている。京都の街を歩くと、あちらこちらで秀吉の足跡に出会う。平安京以降の京都で、もっとも京の都に関わりを持ったのは、この秀吉であろうことを改めて知る。

千本鳥居

楼門から本殿へ。初詣のときには押し合いへし合い。お賽銭《さいせん》を納めるにも難渋するほど。しかしここでは必ず納めたい。なぜなら、三が日を終えて、テレビのニュースで必ず映し出されるのが、ここ『伏見稲荷大社』の賽銭勘定。白衣に白マスク姿の銀行員の仕事始め。その年の景気を計るバロメーターにもなる光景の中に、自分が納めた賽銭が含まれていると思えば、テレビの見方も異なる。参加した実感を味わえるのだ。

本殿から奥、東南に進むと、かの「千本鳥居」が待ち受けている。お稲荷さんといって必ず思い出すのは、稲荷山へと誘う、ぎっしりと隙間なく参道に並ぶ朱の鳥居。千本はおろか、五千本とも六千本とも言われる鳥居には、寄進した人の名前が記され、それを読み解くのもおもしろい。

鳥居を抜けると命《みよう》婦《ぶ》谷《だに》。「奥社」の奉拝所があり、その右手には「おもかる石」が鎮座している。一対の石灯籠。願い事を念じながら、灯篭の頭部「空輪」を持ち上げる。その重さが、自分の予想よりも軽く感じれば、願いが叶い、重く感じたなら願いは叶わない。

この社だけでなく、あちこちの神社にこの手の占いはあるが、僕の体験ではたいてい軽く感じる。それはきっと、そう思いたい、という気持ちがそうさせるのだろう。

それはさておき、この奉拝所でしか入手できないお守りがある。白狐の面相を折り紙風にしたシンプルなデザインのそれは、小さな鈴の音も軽やかで、携帯のストラップに最適。これを携えて、元の参道に戻り、さらに奥へと辿る。

「おもかる石」

「新池」の向こうに「熊鷹社」を望む

お稲荷さんの中で、というより、京都最強のパワースポットかもしれない場所がある。「熊鷹社」に寄り添うように静まり返る「新池」がそれ。

背後の山影を水面に映す池は、別名「谺《こだま》ケ池」。行方知れずになった人を捜すのに、この池に向かって手を打つと、谺が返ってきた方向に、尋ね人がいると伝わる。森閑《しんかん》とした池には不思議な空気が漂い、霊感の強弱を問わず、この池に向かって手を打つと、凛《りん》とした〈気〉を感じるはず。

さほどの時間を持たないなら、この先の「三ツ辻」で北西へと辿り、「八島ケ池」を経て戻るのがいい。時間もたっぷりあり、かつ健脚の向きは、稲荷山のお山巡りへと進めばいい。標高は二百三十三メートルだから、さほど高くはないが、ひと回りすれば四キロほどの道のり。ここが東山三十六峰の最南端である。

都人が、決まってお稲荷さんへお参りする日が、もう一度ある。二月最初の午の日、「初午」がそれ。

和銅四年、すなわち西暦七一一年、伏見の稲荷山に神さまが降臨したのが、この初午の日。爾来《じらい》、五穀豊穣を願って、「初午大祭」が開かれるのだ。この日の都人のお目当ては〈食〉と〈守〉。

前者は参道に並ぶ茶店で食べる稲荷寿司とスズメの焼き鳥。

稲作信仰に基づくお稲荷さん。スズメの焼き鳥は、大敵スズメを食ってやろうという心意気からはじまり、明治生まれの祖父などは、焼き鳥と言えば、鶏肉よりスズメだった。正月のおせちにもスズメの焼き鳥は付き物で、頭からバリバリと骨ごとかじるのは、子どもには苦手だった。稲荷寿司は誰にも親しまれ、ますます盛んになるが、スズメの焼き鳥は時代の流れに置いていかれた感がある。

参道茶屋の名物がもうひとつ。「狐煎餅」は、ほのかな味噌味が旨い。フォーチュンクッキーよろしく、煎餅の中におみくじを入れ込んだ「おみくじ煎餅」も愉しい。

後者の〈守〉は、この初午の日に限って授与される「しるしの杉」。

古く平安中期。熊野詣での行き帰りには、必ずここ『伏見稲荷大社』に参詣した。その際、境内の杉の小枝を身につけ、稲荷詣での印にしたのがはじまりとされる。今は家内安全、商売繁盛の印として、神棚に祀る。

初釜――『幸楽屋』の「花びら餅」

正月三が日を終え、七草粥も無事お祝いしたら、次に控えるのは小正月と初釜。

正月気分も抜け切らない都大路に、艶やかな着物姿が行き交う。小正月と本来の成人式が重なるこの朝は、小豆粥で祝う。多くの家では粥だけで小豆を使い切れずに、ぜんざいも炊く。この日を境に日常の暮らしに戻らねばならず、甘いはずの小豆がいくらか苦みを帯びる。ただし町衆とは別に、茶人たちの正月はここからが本番。初釜に向かう人々はいかにも晴れやかな表情と装いだ。

初釜の菓子といえば「花びら餅」と定められている。正式には「菱葩餅《ひしはなびらもち》」。平安時代、宮中で行われた新年の行事「歯固《はがた》めの儀式」に用いられたもの。明治になって裏千家十一世玄々斎《げんげんさい》が、これを初釜に使うことを許され、爾来、初釜には欠かせない菓子となった。

ごぼうと白味噌餡を、餅や求肥《ぎゅうひ》で包んだ菓子はいかにも華やか。餡か皮を淡い桃色に染めるのが菓匠の腕の見せどころ。濃過ぎても薄過ぎても情趣《じょうしゅ》を削《そ》ぐので、ほどほどの淡さが「花びら餅」の掟《おきて》。和菓子の老舗は、競い合うように「花びら餅」を商い、それぞれに贔屓の客、茶人を持つ。

祝い菓子である上に手間もかかることから、決して安価とは言えず、気軽に茶菓子とはいかない。

茶人の信頼厚く、町衆にも愛される和菓子屋『幸楽屋』【地図D⑤】のそれなら、比較的手頃な価格で手に入る。三百十五円。

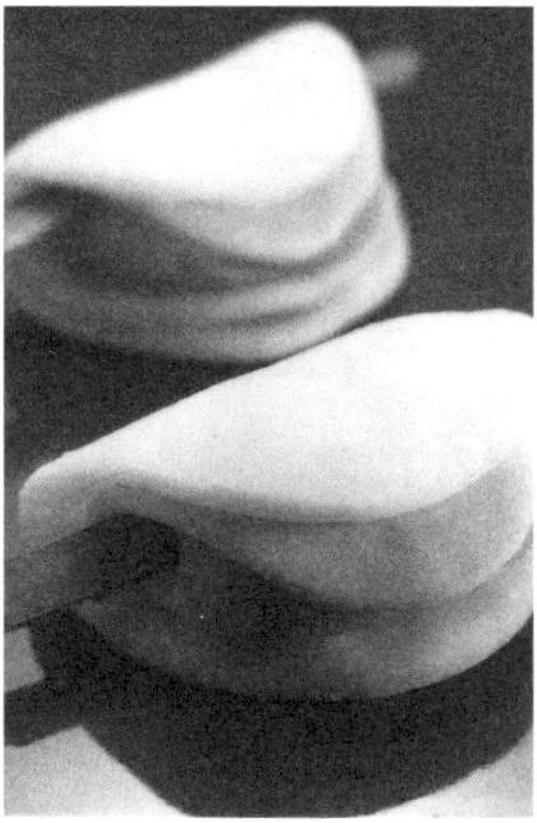
「花びら餅」

鞍馬口通、烏丸通から東に入ってほどなくの南側。店先には多くの和菓子が並ぶ。正月限定の菓子は予約をしたほうがいい。

思ったほど甘くなく、じんわり噛みしめれば、ひとときの茶人気分。

この店の名物はこれだけにとどまらない。研究熱心な主人がこれまでに考案した新作菓子は数知れず。中でも、夏の「金魚鉢」は人気が高い。やわらかいカーブを描く寒天菓子は、涼やかな青色。その中に小さくアクセントを付けるのが、赤い金魚。食べるのが惜しくなり、いつまでも眺めていたいほどの愛らしい夏菓子。四季折々、目を愉しませ、舌を喜ばせる菓子を安価で作り続ける、貴重な菓子屋である。

『幸楽屋』

初ゑびす

正月の初詣に続く、初参りとして、忘れてならないのは「初ゑびす」。都人、分けても京の商人には欠かせない行事だ。

四条縄手を下って、松原通近くまで、縄手通の西側に面して『恵美須神社』【地図Ⅰ】が建っている。

一月十日。普段は静かな神社も、「十日ゑびす大祭」のこの日と、前後五日間ほどは善男善女で大いににぎわう。お稲荷さんの次はゑびすさん。京都人は商売繁盛を願い続ける。

僕はたいてい「宵ゑびす」、つまりは前夜祭にお参りする。

四条通から南、縄手通はこの夜、露店がずらりと並び、大混雑するので、それを避けて、川端松原を目指す。宮川町筋を抜けると、さほどの混雑に合わず、神社の鳥居に辿り着ける。まだ正月気分も抜け切らず、多くが上機嫌で境内へと押し寄せる。その目的のひとつが「福笹」。

――商売繁盛で笹持ってこい――

にぎやかなお囃子《はやし》のリズムに合わせて、ゑびすさまの歌が聞こえてくる。

鈴を鳴らし、手を合わせたら、「福笹」を授かる。「吉兆笹」とも呼ばれるそれは、基本セットがあって、各種の縁起飾りをそれに足していく、という仕組み。何をいくつ追加するかは、懐次第。商売繁盛を願うからには、それなりの対価が必要。そこそこに笹を飾るには、数千円は覚悟しないといけない。

ずらりと並ぶ巫女姿の「福娘」さんたち。ふくよかな笑顔に誘われて、つい多めに買ってしまうのはいつものこと。

「福笹」と並んで、もうひとつの縁起物は「人気大寄せ」と呼ばれる、赤い笠。金や紅白の人形《ひとがた》がさがる。小は数百円から、一番大きなものになると三万円近くまで。小さいものから買って、年々大きいものに買い替えていくのが、古くからの習わし。その度に人気も集まり、

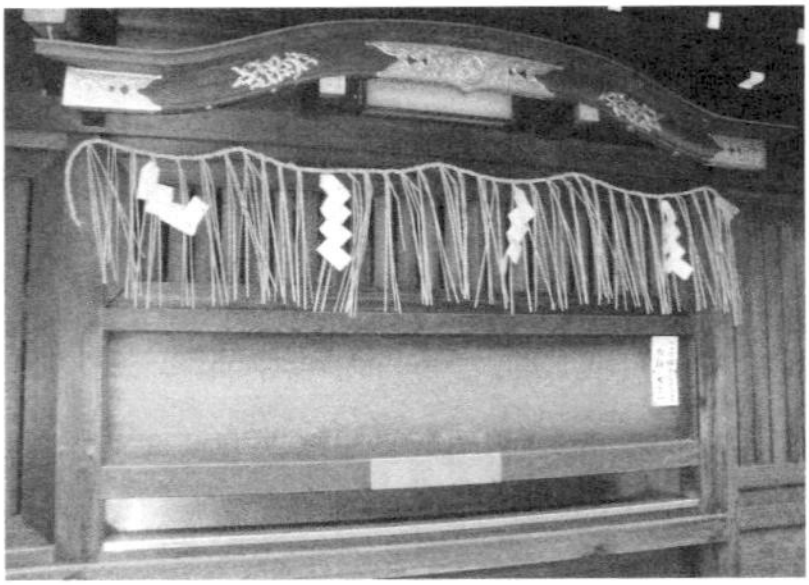
ゑびすさまに来訪を告げる板

商いも大きくなるというわけだ。
さて、「福笹」を携えて、神社を出る前に、もうひとつ、約束事がある。それはゑびすさまをお呼びして、直に願いを聞き届けていただくということ。
拝殿の横手に板が貼られていて、注連縄の飾られた一角がある。その板をこぶしか平手で叩き、大きな音を立てて、ゑびすさまに来訪を告げる。長寿で知られるゑびすさまは、耳が遠くていらっしゃる。お参りに来たことを報せるために、板を叩いて音を立てるのだ。福の神らしい、微笑《ほほえ》ましい仕来《しき》たりである。
「初ゑびす」の頃は一方通行。裏手から境内を出て、帰途に就く。

七福神巡り

ゑびすさまだけを拝んだのでは、他の福神さまの機嫌を損ねる。そんなわけでもないのだろうが、「十日ゑびす」が済んだ頃から、都人は「七福神」巡りに出かける。

その土地や言い伝えによって、七つの神さまが異なるが、都では概ね、ゑびすさまを筆頭に、大黒さま、毘沙門天《びしやもんてん》さま、弁財天さま、福禄寿《ふくろくじゅ》さま、寿老人《じゆろうじん》さま、布袋《ほてい》さま、の七福神とされている。

日本最古と言われる「都七福神」巡り。七カ所の社寺を一日で巡るバスツアーなども、この時期には開催される。

ゑびすさまは言うまでもなく『恵美須神社』。大黒天は松ヶ崎の『妙円寺《みようえんじ》』【地図B】、毘沙門天は『東寺』、弁財天は『六波羅蜜寺《ろくはらみつじ》』【地図I】、福禄寿は『赤山禅院《せきざんぜんいん》』【地図B】、寿老人は寺町の『行願寺（革堂《こうどう》）』【地図F】、布袋尊は宇治の『萬福寺』。

若干、宇治が遠いが、それでも一日で回り切るのは、さほど難しくない。まずは北へ向かい、地下鉄烏丸線、「松ヶ崎」駅から七福神巡りをはじめるとスムーズに運ぶ。最後は当然ながら宇治の『萬福寺』。ここで〆るなら、ぜひとも「普茶《ふちゃ》料理」を味わってみたい。こう言っては何だが、精進料理の中で、この「普茶料理」は断然旨い。

中華風精進料理と思っていただければいい。日本の精進よりも、コクがあって、食べ応えのあるのが一番の特色。残念ながら、本格的なコース料理は三名から。ひとり、ふたりなら三千百五十円の「普茶弁当」しかないのだが、これはこれでなかなかに結構な味わいだ。立派な松花堂弁当に、「寿免《スメ》」と呼ばれる吸い物、菓子まで付いている。美味が待っていると思えば、都の中を行ったり来たりも苦にはならない。

『泉涌寺』の七十二福神巡り

だが、それすらも大儀だという向きには、格好の「七福神巡り」が京都にはある。それが洛東の名刹『泉涌寺《せんにゅうじ》』【地図K】。山内の塔頭《たっちゅう》を順に廻れば、七福どころか、九福のご利益を授かるとされているのだから、これを逃す手はない。

東山三十六峰のひとつ、月輪山の麓《ふもと》に佇《たたず》み、宮家の菩提所《ぼだいしょ》としても知られる、由緒正しき寺院である。JR奈良線、京阪電鉄本線、いずれも「東福寺」駅で下車すると、十分も歩けば「大門」の前に立てる。

「大門」を潜って真正面に建つ「仏殿」。創建当初の華麗な伽藍《がらん》は、惜しいかな、応仁の乱で焼失してしまったが、それでも四代将軍家綱《いえつな》の手によって再建された建築は唐の様式を伝える見事な造りだ。

堂内には、運慶《うんけい》の作と伝わる、阿弥陀、釈迦、弥勒《みろく》の三体の仏像が並び、金色の光を放っている。鏡天井の「蟠龍《ばんりゆう》」は狩野探幽の作。見どころの多い寺院である。が、東山『泉涌寺』でもっとも名高いのは、「大門」の左奥、六羅漢《ろくらかん》の真ん中におわします「楊貴妃《ようきひ》観音」。

『泉涌寺』

玄宗《げんそう》皇帝が亡き楊貴妃を偲《しの》んで造らせたといわれる像は、いわゆる観音さまとはその表情が異なり、慈悲というよりは恋情の様相である。生々しくも艶《つや》っぽい視線に見つめられれば、どぎまぎしてしまう。七福神プラスアルファのひとつめが、この「楊貴妃観音」である。

『泉涌寺』は境内にいくつもの塔頭を擁《よう》し、そのなかに、「阿弥陀如来立像」を本尊とする「新善光寺《しんぜんこうじ》」がある。先の「楊貴妃観音」のお堂から北、『泉涌寺』の北端になる。

ここに鎮座する「愛染明王《あいぜんみようおう》」さまが、そのふたつめ。「愛染明王」。名前からして艶《なま》めかしいが、その有り様は、他の仏さまとは、ひと味も、ふた味も違う。いかにも人間臭いのだ。

京都で「愛染明王」と言えば、『おひとり京都の秋』（光文社新書）で紅葉狩りの寺として紹介した『神護寺』のそれ（現在は東京国立博物館に寄託中）が広く知られている。運慶の孫弟子に当たる康円の作と伝わり、重要文化財に指定されている。つまりは「愛染明王」は、空海との結び付きが強く、真言密教では高位にある明王。

「煩悩と愛欲は人間の本能であり、これを断じることはできない」。そうおっしゃる「愛染明王」さまは、煩悩だらけの我々の強い味方である。が、「本能を向上心に昇華して、仏道を歩ませる」とも、おっしゃっているので、やっぱりなぁ、とも思ってしまう。

天長年間、空海が結んだ草庵からはじまったという『泉涌寺』。歴代天皇との絆も深い由緒ある寺が、七福神巡りにふたりの神さまを加えたことに注目したい。

「楊貴妃観音」と「愛染明王」。改めて並べてみると、なんとも艶っぽいセレクトではないか。微笑と憤怒。そのお顔の表情は正反対だが、それゆえに〈愛〉の奥深さを感じさせる。〈福〉をもたらす、めでたき神々に願いをかけつつも、〈愛〉についても深く考えよ。そんな教えではないだろうか。

『泉涌寺』の「七福神巡り」は、「大人の七福神巡り」。毎年一月十五日、正しき成人の日に行われるのには、そんな意味も込められているように思えてならない。

子どもから大人になる、その最初に立ちはだかるのは〈愛〉という壁。成人の日を迎えるにあたって、ただ〈福〉を願うだけでは一人前の大人になれない、そんな教え。

三．二月――底冷え、湯と祈り

冬、三方を山に囲まれた京都は、盆地特有の厳しい冷え込みに晒《さら》される。いわゆる「京の底冷え」。京都人の朝の挨拶は、決まって、白い息を吐きながらの「寒おすなぁ」だ。

絶対温度としては北海道に及ぶべくもないのだが、体感温度はそれを超えるとみえて、北海道からの観光客も首をすくめる寒さ。とりわけ、隙間風が吹き込む町家の冬は、痛いほどの冷たさ。

寒中暖。寒さの中にほっこりと和むぬくもり。それは白く揺らめく湯気にある。手っ取り早いのはお風呂。家に内風呂があっても湯気のぬくもりを求めて銭湯通いの京都人は少なくない。近年は市内のあちこちに温泉が湧いて……、と言うより、掘り当てた、と言ったほうが正しい。こちらも人気、と言いたいところだが、どうやら人気爆発とはいかないようだ。

大原、嵐山、名だたる観光地にありながらも、温泉の様子が報道されることは滅多にない。開湯当初の期待は思惑が外れたようだ。

「京都と温泉」。イメージが結び付きにくいのも、その一因になっているのかもしれない。それに比べて、「京都と銭湯」、こちらのほうが相性はいい。昔に比べて、うんと少なくなったとは言うものの、洛中には古くからの銭湯が残っている。冬の京都。ぬくもり求めて銭湯巡りも愉しい。

『くらま温泉峰麓湯』

大原や嵐山に温泉が湧く前、京都で温泉と言えば、この鞍馬の湯だった。

洛北鞍馬へは叡山《えいざん》電鉄で行く。始発駅、「出町柳」から三十分足らず。駅に降り立つと、送迎バスが待っていてくれる。ものの三分ほども乗ればそこが鞍馬の湯。

『くらま温泉峰麓湯《ほうろくゆ》』【地図A①】。宿泊もできるが、日帰りでも充分愉しめる。ただ露天風呂に入るだけなら千百円。タオル持参でなら、これが一番安く入れる。せっかく鞍馬まで来たのだから、「日帰りコース」二千五百円を奮発しよう。着替えの浴衣やバスタオルまで付いて、ゆったりと温泉気分を味わえる。

まずは館内の大浴場で、身体を湯に慣らす。夏でさえひんやり涼しい鞍馬。いきなり露天風呂へ、は無謀《むぼう》だ。サウナや泡風呂をまずは愉しみ、外気の様子や天候を見ながら、浴衣に着替えて露天風呂へ。

ここが京都市内とは思えないほど、森閑とした空気に包まれる。鞍馬の森には冬景色がよく似合う。運がよければ雪見風呂も愉しめる。単純硫化水素泉。いくらか硫黄の臭いがするが、クセのない湯は、ぬるりと肌に絡む。

湯船の縁に頭をもたせ、冬空を見上げると、辺りはしんと静まり返り、秘湯の趣さえ感じられる。

湯疲れしたなら、館内に戻って階上にある休憩室へ。タオルケットを借りて、しばしうたた寝。これがまた気持ちいい。温泉ならではの、ぽかぽか感が全身を巡る。

お腹が空いたら食事処へ。「ミニ牡丹鍋膳」二千六百円がおすすめ。運がよければ丹波産の極上猪肉《ししにく》を味わえる。

『京都タワー大浴場』

還暦近くなって、最近はまず使うことはないが、若い頃は、その安さに魅《ひ》かれて、夜行バスで東京を往復した。当時は狭く窮屈な座席だったが、今では豪華なバスもあると聞く。友遠方より来る。当時、友人が東京から、この夜行バスに乗って京都にやってきたとき、まずはこの『京都タワー大浴場』【地図L㉛】へ案内するのが常だった。

夜十時頃に東京駅を発ったバスは、朝六時半過ぎに京都駅に着く。バス停留所まで迎えに行き、京都タワーに着いてしばらくすると店開き。七時に一番風呂を愉しんだものだった。汗を流しながら、さて今日はどこの寺へ行って、何を食べようかと相談する。と、ふと思い立って、湯から上がり、駅の手荷物預かりにバッグをあずけて、『新福菜館』【地図L㉜】へ。朝風呂の後の朝ラーメン。およそ京都の雰囲気とは異なるイヴェントの連続に、多くの友人を驚かせてきた。

時代は変わって、今もそのコースを辿る若人は少なくないと聞く。夜行バス＋朝風呂＋朝ラーメン。ちょっとやってみたい気もする。

京都駅の正面に建つ京都タワー。大浴場は地下にある。タイル貼りの床が懐かしい。地下水をくみ上げて沸かしているので、ぽかぽかと身体が温まる。薄いながらもタオル一枚が付いて七百五十円はお値打ちだ。夜行バスでなくても、京都市内のビジネスホテルに泊まって、朝一番に風呂に入りに来るのもいい。ＪＲでも地下鉄烏丸線でも、地下で直結しているから、雨に濡れることもなく、湯冷めの心配も無用。

湯気が溜まって、天井からぽたりとしずくが頭に落ちる。天井を見上げる。この上には百三十一メートルのタワーが天高くそびえているかと思えば、感慨もひとしお。

ちなみにこの京都タワー。和ろうそくをデザインしたもの、と誤った情報を伝える雑誌を時折り見かけるが、正しくは灯台をイメージして造られたもの。旅から戻ってきて、京都タワーが見えるとホッとするのは、それゆえのこと。

『京都タワー大浴場』入口

京福電鉄「嵐山」駅の足湯

京福《けいふく》電鉄嵐山線。通称「嵐電《らんでん》」に乗って嵐山へ。京都観光の定番だが、そのお目当てが、桜でも、紅葉でもなく、「足湯」【地図O㊅】というのが冬らしいセレクト。底冷えの京都に湯気が立ち昇る光景は見るだに温かい。

京都に温泉が似合うかどうか。議論はさておき、足湯に浸かり、ほのぼのとした時間の中で、のんびりとした会話を交わせば心までもが温まる。

地方の温泉に行くと、駅のホームに露天風呂があったりするが、あの足湯バージョンである。お代は百五十円。「嵐電」オリジナルのタオルが付いての値段だから安価と言える。

「嵐電」の車両と駅

ホームの足湯。お愉しみは「嵐電」そのもの。ゴトゴトと音を立てて、駅に入線してくる「嵐電」車両、基本的には下部がグリーン、上部がベージュなのだが、ライトグリーンやレトロブラウンなどの車両もあるようだ。

昭和四十六年製造から、最近のものまで、車両のデザインもずいぶんと変遷を遂げている。次はどんな車両が入ってくるのか、心待ちにしながら足湯で温まる。不思議な感覚だ。

駅ホームの露天風呂だと、風紀上、列車からは見えなくしてあるが、足湯だとオープンだ。

こういう場合、なぜかお互いに手を振り合う。見知らぬ同士だが、電車の中から足湯に浸かっている客を見つけると、決まって指差して手を振る。と、足湯側も笑顔でこれに応える。電車が入ってくる度にこれを繰り返すのだ。長閑なり足湯、だ。

京の銭湯

——京都に銭湯はよく似合う。そのわけは、洛中に老人と学生が多く暮らしていることにある。銭湯にもっともよく似合うのは老人と学生だから、当然のことなのだが。——

十年以上も前、ある雑誌に書いた『京の銭湯』という記事の書き出しである。わずか十年しか経っていないのに今や昔。隔世の感があり、ずいぶんとその事情は変わった。

老人は相変わらずだが、銭湯から学生の姿が消えた。自宅の近く、寺町鞍馬口の角に『鞍馬湯』という銭湯があって、賀茂川散策のついでに立ち寄ったりするのだが、学生が多い地域なのに、湯に浸かっている姿は、まったくといっていいほど見かけなくなった。下宿というシステムから、ユニットバス付きの学生マンションに移行したからだろう。

主要な客層を失ったのだから、銭湯の経営は厳しくなって当然。廃業する店が相次いだ。

滅多に利用しないから、言えた義理ではないが、まことにもって惜しい。京都の銭湯はその佇まいからして、立派な文化財産なのだから。

『船岡温泉』

例えば先の『鞍馬湯』と同じ、鞍馬口通のはるか西、船岡東通にほど近い『船岡《ふなおか》温泉』【地図E⑦】などは、その建築様式を見るだけでも価値がある。

銭湯ファンの間では知らぬ者などいないほどに、有名な銭湯。屋敷然としたアプローチからして堂々たる構えだ。

なぜか銭湯に多くみられる唐破風《からはふ》門。中伊豆の山中に建つ、老舗旅館のような風情も漂わせる。が、ボタンを押して開く形式の自動ドア。このギャップもおもしろい。フロント形式の番台で支払いを済ませ、いざ脱衣場へ。

ここがまず最初の見どころ。天井、欄間《らんま》、それを繋ぐマジョリカタイル。

折上げ格《ごう》天井には、極彩色の鞍馬天狗のレリーフがにらみをきかす。欄間はと言えば、これが実に百花繚乱。肉弾三勇士《にくだんさんゆうし》、鶴亀《つるかめ》、大名行列、上海事変。飽かず見つめる人が多く、脱衣途中、腰巻きタオル、着衣のまま、と人それぞれ。張り巡らされたカラフルなマジョリカタイルの合間には、松並木や海岸、富士山など、和風柄のタイル絵もあり、まさにワンダーランド。風呂に入ることも忘れてしまいそうだ。渡り廊下を繋ぐ石橋「菊水橋」も不思議な造り。実際に使われていた橋を移築したというから、半端な凝《こ》りようではない。

『船岡温泉』

大正十二年に創業した旅館『舟岡楼』の浴場としてはじまり、戦火や大火を免れて残った内装だけに、貴重な街の文化財だ。

さて肝心の風呂。これもまた街の銭湯のレヴェルを越え、バリエーション豊富な湯で愉しませてくれる。電気風呂、打たせ湯、露天風呂、水風呂、岩風呂、高温深風呂からサウナまで。エスティジェット風呂？　なんていう変わり種風呂もある。それぞれは小さなものだから、今流行りのスーパー銭湯のように大勢で入るわけにはいかないが、それ故、湯情緒も感じられる。

平日は午後三時からだが、休日は朝八時から開けている。決してアクセスがいいとは言い難い場所にあるが、京都でただ一軒だけ銭湯を、と請われれば、迷うことなくこの『船岡温泉』を挙げる。

余談になるが、僕はこの『船岡温泉』には懐かしい思い出がある。それは高校二年生の冬の話。

当時、友人の家が牛乳屋さんで、そのたっての頼みで、ほんの数カ月だが牛乳配達をしていた。それがちょうど、この『船岡温泉』の周囲を含む地域で、毎朝決まってこの銭湯にも牛乳を配達していた。

自転車の前には『一澤帆布《いちざわはんぷ》』製の大きなバッグが取り付けられ、ぎっしりと牛乳瓶が詰まっている。ただでさえハンドルを真っ直ぐ保つのが難しいのに、二月節分の頃の朝は、路面が凍結していた。ひとたび転んでしまえば、瓶は割れ、すべてが台無しになる。踏ん張って、踏ん張って、なんとか残り数本、というところで油断したのか、タイヤを滑らせて自転車を横倒しにしてしまった。

ちょうどそれがこの『船岡温泉』の玄関前。瓶が割れる音に気づいた女将さんが表に出てきて、その様子を見、気の毒に思ってくれたのだろう。掃除中の風呂に入れてくれ、生姜《しょうが》湯《ゆ》を飲ませてくれた。そういう人情のあった頃である。

翌日僕は、配達の際に礼を述べ、一本余分に牛乳を渡した。と言ってもそれは牛乳屋さんの負担なのだが。

『船岡温泉』。そんな思い入れがなくても、わざわざ訪ねる価値のある銭湯だ。

水尾の柚子風呂【地図P㊼】

冬の京都。青果商の店先に大振りの柚子が並ぶと、冬至《とうじ》が近い報せ。柚子は洛西《らくせい》、水尾《みずお》の里になった実を最上とする。

東の大原、西の水尾。清浄幽邃《ゆうすい》の地として、都人たちはある種の憧れを持って水尾を訪ねたという。ここは山城と丹波を結ぶ、いわば要衝《ようしょう》の地でもあったわけで、早くから開けた土地だった。

ここに柚子の木が最初に植えられたのは、建武《けんむ》の初め頃と伝わるから、今から七百年近くも前のこと。この地をこよなく愛した花園《はなぞの》天皇が自ら植えたのだという。じつはこれが柚子の木のはじまり。つまり柚子はこの水尾の里からはじまったのだ。もしも水尾の里なかりけば、「冬至の柚子風呂」という習慣は生まれなかったかもしれない。

鄙《ひな》の地である。かつ人数がまとまらなければ、とハードルは高いが、それをクリアすれば、本場の柚子を「湯」と「食」で堪能できるプランがある。

ＪＲ嵯峨野線「保津峡《ほづきょう》」駅。迎えの車に乗り込む。離合もできないような細い山道をしばらく走ると、そこは柚子の里、水尾。

柚子の実る「水尾」の里

立派な造りの農家。袋からあふれそうなほどの柚子を、惜しげもなく湯船に放り込み、浴室に入った瞬間から、柚子の香りに包まれる。窓から射し込む陽射しが湯に映り、山里の鄙びた景色を描き出す。

湯上がりには鶏の水炊きが座敷で待ち受けている。きっと野菜は近在で採れたものなのだろう、つやつやと光っている。ここにもたっぷりと柚子を絞り込む。同じ柑橘《かんきつ》系でも、レモンのような派手さはないが、心に沁み入るような香りは、柚子に勝るものはない。身体の外から内から、柚子を染み込ませる。

柚子の木を植えたのは花園天皇だが、柚子風呂をはじめたのは清和《せいわ》天皇。里人の案内で、清和天皇の御陵《ごりよう》を参拝。土産《みやげ》に袋入りの柚子、柚子の甘煮を買い求め、駅まで送ってもらう。冬の京都。なんとしても規定人数の四人を集めて、水尾の柚子風呂を愉しみたい。

節分参り――恵方巻きと鰯

〈関西〉と〈京都〉は別ものだ。が、関東の方々にはなかなかご理解いただけないようで、しばしば齟齬《そご》が生じる。

「今年の恵方を向いて、無言で巻き寿司を丸齧《かじ》りする。さすがに京都らしい習慣ですね。今年の恵方ってどっちでしたたっけ?」

東京のテレビ局のアナウンサーが、「四条大橋」を渡る老婦人にマイクを向ける。

「恵方? 巻き寿司? なんのことどす? 聞いたこと、おへんなぁ。あんさん、大阪と間違うてはるのと違いますか?」

不機嫌そうな表情を残して、老婦人は立ち去り、後にはバツの悪そうな苦笑いを浮かべたアナウンサーが残される。

いかに大阪発だったとしても、コンビニ経由で全国に広まった「巻き寿司の丸齧り」。知らないわけがない。件《くだん》の老婦人は知らないフリをしただけなのだ。おそらくは、大阪と京都の区別もつかないアナウンサーにカチンと来たからに他はない。それが京都人の正体。

京都人は大阪的なるものを嫌い、大阪人は京都的なものを好まない。ここを理解しないと関西は読み解けない。

節分の行事食といえば「大羽鰯《おおばいわし》の塩焼き」。それが京都。恵方巻きなど眼中にない。巻き寿司と節分が、どう結び付くのか。根拠のない仕来たりを都人が受け入れるはずがない。小さな子どものいる家庭は、周囲に合わせるため、不承不承といった風に、これを取り入れるが、大方の都人は眉をひそめる。

かなり大振りの鰯である。家庭で焼くと煙と匂いが充満し、後始末が大変なので、かつては多くが仕出し屋に頼んだ。我が家も例外ではなく、節分の日の夕刻にはこれが届いた。当時は電子レンジなどという利器はなく、ホイルに包み、フライパンで軽く蒸して、温め直した。

今となっては旨いと思うが、子どもに鰯の腸は、ただ苦いだけの余計な身。骨は取りづらく、少し触っただけで、指は魚臭くなり、と、あまりいい思い出はない。ただ、食べ終えた鰯の身を綺麗に取り去り、頭と骨を残して、それを玄関先に吊るすのだけは、おもしろい行事だったと覚えている。

柊《ひいらぎ》の枝に差し、頭を上にして玄関横の軒先に吊るす。厄除けだと教わっても、その実感は薄い。何が厄で、なぜそれを除けなければならないか、しっかり理解できたのは、何十年も経ってからのことである。

むしろ祖母が言う、鬼が来ないように、のほうが分かりよかった。

柊の棘と、鰯の臭いは、鬼がもっとも苦手とするもの。こうしておくと、鬼が寄ってこない、そう言いながら、柊の棘が刺さらないよう、用心しながら鰯を小枝に差していた。

平安の頃。注連縄にボラの一種である鯔《なよし》の頭と柊を飾った風習に由来するという。まさしく「鰯の頭も信心から」である。

『吉田さん』

食事を終え、一家揃って出かけるのは節分参り。多くの都人と同じ、目指すは『吉田神社』【地図C】。

京都人風に言うなら『吉田さん』。まるで姓を呼んでいるようだが、節分前後に、ご近所さんと出会い、

「お出かけどすか?」

「ちょっと吉田さんへ」

「さぶいさかい、気ぃつけて」

「おおきに」

と、話が通じる。イントネーションの違いで『吉田さん』は『吉田神社』のことだと分かっているのだ。

節分の前後三日間。『吉田神社』で行われる節分祭には、数十万人の参拝客が訪れる。中でももっともにぎわうのはやはり、節分当日。それも夕食を終えた家族連れが詰めかける、夜八時以降だ。

子どものお目当てはなんと言っても、ずらりと並ぶ露店。参道から境内まで、その数八百軒。綿菓子、飴細工、スマートボール、輪投げなどオーソドックスな店から、クレープ菓子、ジェラートなどの今風スイーツまで、多彩な露店が参道の両側をぎっしりと埋め尽くす様は圧巻。

参道から境内への境には、年越し蕎麦《そば》の仮設店舗がテントを張る。節分は晦日でもあったことを思い出させる蕎麦は、老舗の味。夕食を軽めにして、節分蕎麦というのも悪くない。緩やかな石段を上がれば、思ったよりも広くない境内。その真ん中にうずたかく積まれているのは、古いお札や正月飾り。都人の多くは、それらをこの『吉田さん』に持ち込んで納め、焼いてもらうのである。

家庭ゴミと一緒にするなど、もってのほか。ご近所の氏神さんに納めてもいいのだが、『吉田さん』に持っていくのが、多く都人の習わしとなっている。

『吉田神社』

お参りを済ませ、必ず授かるのが、くちなし色の「疫神齋《えきじんさい》」の神符《しんぷ》。

朱の字は後水尾《ごみずのお》天皇の筆。独特の字体は、悪病災難除けとして、玄関の内側に貼る。節分の前後三日間に限り、拝受できる。京都の家、店には、たいていはこれが貼られていて、台所に貼る『愛宕神社』の火難除けの神符

「火廼要慎《ひのようじん》」と一対になっている。

札を納めて、また札を持って帰る。格別信心深いわけではないのだが、こうしないと、心の安寧《あんねい》が保てない。それが京都人の姿。

帰宅すれば、まずは「疫神齊」の神符を貼って、豆撒《ま》きをする。

外には鰯と柊。内には「疫神齊」の神符。完璧な鬼封じ。心安らかに春を迎えられる。

第二章

冬の京歩き――ぬくもりを求めて

一・烏丸通を歩く――五条から御池辺りまで

前著で「京都は動いている」と書いた。ここ一、二年、そう実感することが多かったせいでそう記したのだが、具体的に何がどう、ということはなかった。だがその証しとも言えるニュースが都大路を駆け巡った。

平成二十二年、新聞を開いた都人を驚かせる記事があった。それは基準地価。三十年以上もの間、京都で基準地価ナンバーワンと言えば、河原町四条上る近辺と相場が決まっていた。東京に喩えるなら銀座四丁目交差点「鳩居堂」前。ハガキ一枚大の土地が幾ら幾らだと、ニュースになり、バブル期以降、下がり続けてはいるものの、それでも一般人には縁遠い価格。

それとは比ぶべくもないが、京都では四条河原町の交差点近辺、ここが一位であることは未来永劫変わることはないと誰もがそう思ってきた。

ふいをつかれたという感じがしたが、後から考えれば、その予兆とも呼ぶべき事象が起こっていた。

河原町四条東南角。京都を代表する商業地にある「阪急デパート」が撤退を決めた。理由は営業不振。撤退後は「丸井」が入ることでゴーストビルになることだけは避けられたが、それでもやはり、時代の流れを実感させられる出来事だった。

そんな流れの延長線上に、今回の地価トップの座転落はあったのだろう。ではその河原町四条に替わって、京都の商業地地価首位の座に躍り出たのはどこなのか。なんと烏丸通四条上る、なのである。

京都人にとってこの界隈というのは、銀行が建ち並ぶビジネス街。用事を済ませばさっさと立ち去る場所で、ぶらりと散策するような街ではない。言ってみれば、日本橋蛎殻町《かきがらちょう》。たしかに商業地ではあるのだが。

冬の京都歩き。ちょっと趣を変えて、大通りを歩いてみよう。京の街歩きと言えば、どうしても路地や細道のイメージが強くなるのだが、メインストリートを歩くと、また新たな発見があって愉しい。

「烏丸四条」の交差点

地名に残る歴史

烏丸四条。河原町四条よりも魅力的かと言えば、いくつもの疑問符が付く。何よりこの界隈にはショッピングに適した店がほとんどない。四条通はまだしも、烏丸通は、ぶらぶら歩くようなショッピングストリートではない。ではなぜ？

そんな疑問を抱きながら、歩きはじめたのは五条烏丸。ここから北へ辿ってみようと思った。

五条通といえば、道幅五十メートルを超える、京都屈指の大通り。国道一号線と九号線が重なり、交通量も多い。だがこの五条通。元を辿れば五条ではない、と言えば混乱を招くだろうか。

『五條天神宮』

戦国の世、豊臣秀吉は京の都を好き勝手に造り替えた。その功罪は相半ばだが、東山に大仏殿を造営しようとして、現在の松原通、当時の五条通に架かっていた橋を移設し、通り名までを五条としてしまったことは、功か罪か。

つまり今の五条通は、かつての六条坊門小路だったのである。

スタートは地下鉄烏丸線「五条」駅。二番出口を出ると角にコンビニがあり、ここから北へ歩く。町名看板を見ると「高砂町」とある。幸先よし、と、ビルを一軒通り過ぎただけで、がらりとその様相が変わった。町名が「悪王子町《あくおうじちょう》」とある。なんともすごい町名ではないか。
これより西、堀川通のすぐ東側に、南北の通りがあり、その名も美しや「天使突抜《てんしつきぬけ》通」なる細道がある。これはかつて、秀吉が強引に道を開こうとして、『五條天神宮（天使社）』【地図J】を突き抜いて作った道だからその名が付いたもの。ここから東に「悪王子町」があるというのも、どこか因縁めいている。

京都を歩く愉しみのひとつに、こうして地名を辿り、その由来を探ることがある。目に見える形こそ残されていないものの、その地名には、歴史のひとこまがくっきりと刻まれている。

そこでこの「悪王子町」。かつて『八坂神社』の摂社だった「悪王子社」があった名残りだと伝わる。ヤマタノオロチを退治したスサノオノミコトに悪王子という称号を贈り、その功績を讃えた社だという。功績を讃えておいてなぜ〈悪〉？　実はこの〈悪〉。悪者の〈悪〉ではなく、荒ぶる、勇気ある、といった意味合いなのだという。

紛らわしい名の神社、今は『八坂神社』の摂社として本殿の東側に建っている。ちなみにその隣、北側にはその名も美しい「美御前社」が並び建っている。烏丸にあっては天使と隣り合わせ、八坂に戻っては、美人の誉れ高き宗像三女神《むなかたさんじょしん》の側にある。〈悪〉はモテる。

「悪王子社」

「美御前社」

話を祇園八坂から、烏丸に戻す。ちっとも「悪」だとは思えないのに「悪」の名が付く一方、勝手な都合だけで、神社を裂いてしまったのに「天使」という名が付く。不思議といえば不思議な話だ。

漢字と和歌を味わう

しばらく北に歩くと万寿寺《まんじゆじ》通に出る。五条通の一本北の筋。

通り名を覚えるためのわらべ歌。丸竹夷を逆に辿ることになる。

――丸《まる》竹《たけ》夷《えびす》二《に》押《おし》御池《おいけ》、姉《あね》三《さん》六《ろっ》角《かく》蛸《たこ》錦《にしき》、四《し》綾《あや》仏《ぶつ》高《たか》、松《まつ》万《まん》五《ご》条《じょう》――

そのお尻から二本目の〈万〉が万寿寺通だ。当然ながらここには『万寿寺』【地図K】という寺がある、はずなのだが今はない。永享《えいきょう》六年の火災に遭って衰微し、その後移転し、現在は『東福寺』【地図K】の塔頭になっている。

『万寿寺』、その起源は平安末期に遡る。白河上皇が早世した皇女の菩提のために建立した『六条御堂』がはじまりとされている寺。最盛期には「京都五山」のひとつに数えられるほどだったが、室町期に造られた鐘楼をその証しとして留めるのみで、非公開寺院として、ひっそりと山裾に佇んでいる。

『漢字資料館』

寺なき後も、その名残りは仏具店、仏壇店などに留めている。烏丸から東、寺町通辺りまでは、表具、法衣など、寺方の用に応じていた店が軒を並べている。

万寿寺通を越えて北に歩くとすぐ『漢字資料館』【地図J⑥⓪】がある。いっとき話題になった『漢検』のビル。紆余曲折はあったものの、この『漢字資料館』は寄り道する価値は充分ある。入館料は無料ながら、漢字の歴史や、古銭コレクションなど、興味深い展観を観ることができる。

二、三十分ほど漢字に浸った後は、和歌の世界が待っている。『漢検』ビルの裏手にある『新玉津嶋神社《にいたまつしまじんじゃ》』【地図J】がそれだ。

『漢検』ビルを出て松原通を西に入ってすぐ、民家に挟まれて窮屈そうに建つ鳥居が神社の印。

『新玉津嶋神社』

かつてこの辺りは藤原俊成《ふじわらのしゅんぜい》の広大な屋敷があったところ。俊成が文治《ぶんじ》二年、紀伊和歌浦から、和歌の神様である「衣通姫《そとおりひめ》」を自らの屋敷に勧《かん》請《じょう》したのが神社のはじまり。歌人として知られる俊成は『千載《せんざい》和歌集』を編み、『小倉百人一首』には〈世の中よ　道こそなけれ　思ひ入る　山の奥にも　鹿ぞ鳴くなる〉という歌を残した。和歌と漢字。『漢検』がこの地に本拠を構えたのは偶然ではなかろう。

松原通の名は、かつてこの『新玉津嶋神社』の境内に美しい松並木が続いていたことに由来する。和歌と松並木。ふさわしい眺めを浮かべるのも街歩きの愉しさ。玉津島町。町名にも記されている。

飛んできた薬師如来像

烏丸通に戻り北へ。薬師前町とある。この薬師は烏丸通を挟んで向かい側、ビルの間に建つ石塔の奥にその由来がある。

正式名称は『平等寺』だが、京都人には『因幡薬師』さん（二十五頁参照）と言ったほうが馴染みが深い。元は橘 行平《たちばなのゆきひら》の邸宅だったところ。屋敷が薬師如来を本尊とする寺になったのには深いわけがある。

『因幡薬師』

平安の頃、行平が勅使《ちよくし》として因幡の国に代参し、病に苦しんでいたときに見た夢を基に、薬師如来尊像を海中から拾い上げたことに由来する。行平はその尊像を因幡の国に安置し、草堂を建てたのだが、都に戻った行平を追うようにして、京都に尊像が飛来したという。

当然ながら行平はこの尊像を安置するため、邸宅を寺に改めたと伝わる。それがこの『平等寺』。

この話には続きがある。尊像を失くした因幡の国の草堂。後に残ったのは、台座と後光のみ。その名残りを奉《たてまつ》るかのように、座と光、から、『座光寺』とそのお堂を呼んだ。

ＪＲ「鳥取」駅から南西へ一キロばかり、千代川《せんだいがわ》に架かる、その名も因幡大橋を渡ってしばらくのところに今も『座光寺』はある。

話を京都に戻す。

『平等寺』の薬師如来は、嵯峨『清凉寺』の釈迦如来、信濃『善光寺』の阿弥陀如来とともに、日本三如来のひとつとされている。薬師如来の他にも十一面観音、釈迦如来立像、如意《によい》輪《りん》観音坐像など重文級の仏像も多く、三面六臂《さんめんろっぴ》大黒といった珍しい像もある。観光客の姿は少ないが見どころの多い寺である。

ちなみに、この寺の南に延びる不明門《あけず》通の名は、寺の門が常に閉ざされて開くことがなかったことに由来する。

ここはまた、毎月八日に「因幡薬師手作り市」が開かれることは、第一章で書いたとおり。うまく八日に京都を訪れたならぜひ一度覗いてみたい。

道真公の足跡

烏丸通に戻る。次なる通りは高辻通。

京の都は盆地にあるせいで、街に高低差が生まれる。今の市街地で言えば、北が高く、南が低い。僕が住まう北大路と、九条にある『東寺』の五重塔のてっぺんが同じ高さだと、子どもの頃から教わってきた。北から南へ緩やかな傾斜になっていることは、自転車に乗ればすぐに分かる。北から南へ向かうのは楽だが、その逆はしんどいのだ。

そこでこの高辻通。平安時代の高辻小路。洛中でもっとも標高が高いことに、その通り名は由来していると言われても、納得できない。歩いても自転車に乗っても実感できない。

あくまで推測に過ぎないのだが、おそらくはこの辺りに高台を築いて、住宅地にしていたのだろうと思う。先に書いたように、藤原俊成、橘行平らの屋敷があったということが、その証しだ。

室町時代に、長く続いた雨で付近一帯が浸水した中で、この界隈だけは水没を免れたという史実が残っているから、事実標高が高かったのだろう。だが僕はちょっとした不思議を見つけ、ひょっとするとそのことから高辻の名が付いたのでは、と思っている。

それはこの高辻通の南側に平行して、北緯三十五度線が通っていること。その印として名づけたのではなかろうか。緯度の高さから高辻と名づけたというのは強引に過ぎるか。

その高辻通を西へ少し入る。目指す社は『菅大臣神社《かんだいじん》』【地図J】。言わずと知れた菅原道真公ゆかりの神社である。

京都で道真と言えば、百人が百人、『北野天満宮』の名を挙げるだろうが、ゆかりの深さで言えば、こちらに軍配が上がる。なぜならここは道真の邸宅跡で、幼少期を過ごした地だからである。

創建は不明。道真没後すぐに建立されたと伝わるが確たる証拠はない。古くは天神御所とも、白梅殿社とも呼ばれ、このすぐ北側にあった社、紅梅殿社と一対をなしていたという。

「飛梅」の木

境内には道真が産湯を使ったという井戸も残り、ビルの谷間に佇む社ながら、面影をしのぶことができるが、極めつきは梅の古木。
――東風吹かば　匂ひおこせよ梅の花　主なしとて　春を忘るな――
大宰府に流される前、この木を見上げながら詠んだという歌。そしてその言葉通り、梅の木は主を追って、はるか西まで飛んでいった。「飛梅」の木がこれである。
悠久の時を越えて、今も春になれば、見事に春色の花を咲かせる。道真の想いは、いっとき大宰府にまで届いたものの、今はここに残っている。冬には芽吹きが目に映るのみだが。ところで道真の邸宅跡とされるのは他にも『菅原院天満宮神社』【地図G】、『吉祥院天満宮』【地図M】があり、その真偽は確かめようもない。

『桜田』でお昼ご飯

烏丸通に戻ると東側の地名は、匂《におい》天神町。ここまで梅の香りが流れてきたのだろうか。なんとも風雅な地名だ。

『桜田』の料理

雅な町名にふさわしい店があるので、時分どきなら、ここでお昼にするのもおすすめ。もっとも人気店だから、予約を入れておいたほうがいいのだが。

車も通らないような細い路地に面して秘めやかに暖簾をあげている。

『桜田』【地図J㊾】という屋号は主人の姓と同じ。京都で料理店を開くために生まれてきたような主人が作る料理は、きわめて真っ当で、派手なパフォーマンスもなく、心安らかに、いわゆる「京料理」を満喫できる。

近江の名料亭『招福楼』を正しく受け継ぎ、京都の風情を添えた料理は、今どきの人気割烹とはひと味もふた味も違う。

京都に来て、本格、王道の日本料理を味わいたいなら、こういう店をこそ訪ねたい。真の実力店は燻《いぶ》し銀。金ぴかに光らせはしないが、長い時を刻んできた仏像のように、鈍い光を放っている。昼なら五千五百円から、夜でも一万千円から味わえる料理。経験豊かな料理人が、誠実に向き合えば、料理はこんなにも素敵な味わいを醸し出すのだ。

ちなみにこの『桜田』。過去にテレビのドキュメンタリー番組が紹介したほど、器に造詣《ぞうけい》が深く、料理を盛る器も名陶揃いだが、決してそれを客にひけらかしたりしない。この辺りの奥床しさも名店の証しである。

梅酒に続いて、先附、お椀、造り、焼物、煮物と、オーソドックスながら、味わい深い料理がテンポよく出てくる。

この店の独特のやり方なのだが、仲居さんが、客の名前と料理を板場に告げると、ドキッとする。と同時に、はてどんな料理が出てくるのか、を待つ愉しみを与えてくれる。この辺りが、目の前で調理する板前割烹との違い。

数多ある京都の店の中で、傑出という言葉を使えるのはそう多くない。『桜田』はそんな数少ない一軒。食事を終えて店を出、通りを曲がるまで見送る主人と女将の姿が、それを象徴している。むろん、烏丸通歩きの途中でなくとも、わざわざに訪ねたい店だ。

『グリル TOYO』の「ビフカツ定食」

『グリルＴＯＹＯ』

　烏丸通歩き、もっと手軽なランチをと所望されれば、街角の洋食屋さんをおすすめする。『桜田』から北、仏光寺《ぶっこうじ》通を東へ、ひと筋目の東洞院《ひがしのとういん》通を北へ、綾小路《あやのこうじ》通に出る直前に『グリルＴＯＹＯ』【地図Ｊ㊽】がある。サンプルケースがドアの横に並ぶ、一見したところ、どこの街にでもあるような喫茶店風の構え。だが、こういう店で食べる洋食が存外旨いのが京都という街の奥深さ。

　サンプルで品定め、あるいは表に置かれた本日のおすすめランチを頭に入れて店内へ。

食後のコーヒーも付いて九百八十円也の日替わりサービスランチ。海老フライ、クリームコロッケ、ハンバーグという洋食黄金トリオの詰まったA弁当。迷うところだが、僕のイチオシはビフカツ定食。

東の豚に対して、西は牛。分けても京都は何をおいても牛肉だ。

かなり大振りな一枚肉を数切れに切り分け、スパゲティと野菜を枕にして出てくる様は圧巻。ご飯とみそ汁、漬物が付いて千円はお値打ち。一見カツカレーかと見紛うばかりに、たっぷりかかったソースはもちろんドミグラなのだが、どことなく〈和〉を感じさせる、あっさり味。ご飯との相性は極めていい。

小さな丼ほどもあるご飯は半分残す。ささやかなダイエット。その代わり皿の上は食べ尽くすのが僕のランチ。残ったソースをパセリで搦めとって、口に運べば後口もすっきり。看板猫？　に見送られて店を後にする。ところで、いつも気になりながら、尋ねそびれているのが店の名。

『TOYO』ははたして、東洋なのか、それとも人名のトヨなのか、はたまた、ひょっとして猫の名前なのか。TOYO、TOYOと口ずさみながら、烏丸通歩きに戻る。

仏の光

洋食に魅かれて通り過ぎてしまった『仏光寺』【地図J】に戻ろう。

正しくは『佛光寺』、そのはじまりは「承元《じようげん》の法難《ほうなん》」だった。仏教宗派の争いから、越後に流された親鸞が、赦免の後、山科に建立した『興正寺《こうしようじ》』【地図L】を嚆矢《こうし》とするのが『佛光寺』と言われるが、史実は定かでない。赦免された後、そのまま関東方面に向かったとも言われている。いずれにせよ、親鸞ゆかりの寺であることは間違いない。

『仏光寺』

そしてその『興正寺』、あろうことか、本尊である阿弥陀仏を盗まれてしまった。

今の時代なら、売り飛ばすところだろうが、当時は営利目的ではなかったのか、盗人はあっさりと阿弥陀仏を竹やぶに放り投げてしまう。

と、ここで登場するのが後醍醐天皇。ある夜の夢枕に、東南方向からひと筋の光明が射し込む。はたと起き上がった天皇は、すぐさまその方向に使いの者を送ると、阿弥陀仏が見つかった。それを『興正寺』に残された台座と合わせると、ぴたりと一致した。科捜研の出番もない。

夢に出てきた光は、件の仏さまが発したものとなり、そこから『佛光寺』の名がついたという。

十四世紀の後半、南北朝の頃には、同じ浄土真宗の『本願寺』をしのぐ勢力を誇っていたと伝わっているから、今は昔。観光客の姿もまばらで、静かな佇まいを保っている。

烏丸通を北へ、綾小路通、四条通と続く。四条烏丸。ここが京都の商業地価トップの地だ。銀座四丁目に比べると、地味な空気が漂っているのは否めない。この四隅のどこかにデパートが進出してくれれば、がらりと空気が変わり、人の流れも違ってくるだろうが。

変化する錦小路

通りを渡って、東北角は長刀鉾町《なぎなたほこちょう》、西北角は函谷鉾町《かんこぼこちょう》、さらに西へ行くと月鉾町《つきほこちょう》。つまりこの界隈は祇園祭の鉾を守る街なのだ。

『八坂神社』は、ここから相当な距離がある。素朴な疑問として、なぜこれほど離れているのか、が頭に浮かぶ。

と、この烏丸通から一本西の通りの名が室町通であることに、思い当たった。

室町通は、文字通り室町文化の中心地として栄え、今も多くの和装業者が軒を連ねる街。つまりはこの室町通が、繁華街の真ん中であり、「祇園祭」を支える役割を担ってきたのだ。となれば、烏丸から東、鴨川を越えて東大路までは、新しい街ということになる。この前の戦争が応仁の乱と嘯《うそぶ》く都人にとって、四条河原町の地価が高騰したのは、「最近」のことなのだ。鉾町を擁する烏丸四条界隈こそが、京都第一等の繁華街。本来の姿に戻ったのだとも言える。

四条から北へ。ひと筋目は錦《にしき》小路。言わずと知れた『錦市場』のある通りだ。平安期には具足《ぐそく》小路と呼ばれ、それが訛って、糞小路と言われたが、それではあまりだとなり、四条通を挟んで南の、綾小路と一対をなすようにと、錦小路と名づけられたと言う。かつては「京の台所」と呼ばれていたが、今では観光客向けの商業スペースと化してしまった。むろん、昔からの誇り高い商いを続けている店もあるが、イートインスペースを設け、立ち食いを容認している店も多く見かける。

今から四十年近く前、寺町河原町に建つデパート『藤井大丸』の一階に、関西初出店のマクドナルドがオープンした際、「京都に立ち食いは似合わない」と錦市場関係者がコメントしていたことを覚えている。焼き牡蠣《がき》のカウンターあり、豆乳ソフトの立ち食いあり。たこ焼きまで。今の錦市場を「京の台所」と呼べるのだろうか。

歳末の風物詩。錦市場での買い出し風景も今や昔。僕が子どもの頃、普段の錦市場はプロの料理人御用達。素人が足を踏み入れるのは憚《はばか》られ、その代わりというわけでもないだろうが、お正月用の買い出しは特別で、京都市民がまさに台所代わりにしたもの。だからこそ有難く、おせちに詰められた料理を指して、「これは錦か？」と家長が問い、それをこしらえた女性陣が自慢げにうなずいて答える。それが錦市場の価値だった。

門戸を広げるのは、それなりの意味を持ち、メリットもあるだろうが、デメリットも覚悟しなければならない。それは入洛客数五千万人を目標に定めた京都全体に言えること。

街中、店、宿など。京のあちこちで、マナーの悪さが目について仕方がない。週の後半を過ごす近江にいるとホッとする。哀しい話だ。

気を取り直して烏丸通に戻る。

《時代都市》京都の名建築

次なる通りは蛸《たこ》薬師。通り名の由来は、現存するお堂というのが嬉しい。名のみが残るよりも、やはり今にその姿を確かめられるほうがいい。

由来を辿るその前に、見ておきたい建築がある。

烏丸蛸薬師の南西角に建つ赤レンガのレトロなビル。かつての『山口銀行京都支店』【地図J㊼】は、明治の名建築家、辰《たつ》野《の》金《きん》吾《ご》の作品である。

京都の街に赤レンガはよく似合う。ここから北東、今の『京都文化博物館』、かつての『日本銀行京都支店』【地図G㉞】も同じ辰野の作品。赤レンガに白ラインのファサードは、百年にわたって、京都の街を見守ってきた。

『旧山口銀行京都支店』

『京都文化博物館』

平安京だけでなく、明治の姿を残しているのも京都という街。のみならず、京都という街は、平安の昔から、つい最近の昭和に至るまで、あらゆる時代の表情を今に残している。日本のあちこちを旅していて、これがいかに貴重な財産であるかを、絶えず痛感している。

例えば東京。あるカード会社の会員誌に、一万歩都市歩きという連載をしていて、二度ばかり東京の街を一万歩歩いたが、当然のごとく、残された風景は江戸以降のものである。奈良はと言えば平城京の面影はあるものの、室町や江戸、明治を感じさせる遺構はほとんどないに等しい。

振り返って我が京都。平安の頃はもちろん、それ以降、鎌倉、室町、安土桃山、江戸、明治、大正、昭和と、各時代の空気を伝えるものが、必ずどこかしらにある。喩えて言うなら、「時代祭」行列が通年見られるようなものなのだ。

平安以降に限られると思っていたが、古代史を飾る遺構も、京都の街中に残っていることが、新聞をにぎわせた。

僕の住まいのほど近く、『京都府立植物園』の北側から、北山の山裾までの辺りに、京都盆地最大級の集落遺跡が埋もれているのだそうだ。弥生時代後期から古墳時代までの、竪穴式住居跡が、百二十棟を超えて見つかっているという。ちゃんと名前もついていて、その名もずばり『植物園北遺跡』【地図D③】。

この遺跡は、今からおよそ千八百年も前、弥生後期から古墳時代前期に全盛を迎えていたと推測される。つまりは卑弥呼の頃である。

未だに結論の出ていない邪馬台国論争。近年では近江もその一角に食い込んでいる。近江と京都は、比叡《ひえい》の山ひとつ隔《へだ》てて繋がる。平安の都から、一気に古代に遡る遺跡が、今も土の下に埋もれている。

地元、『京都新聞』が京都観光をテーマに、その是非、問題点を語るコーナーの連載がはじまり、僕もその末席を汚した。その際、僕が「京都観光」のキーワードとして、提案したのが、〈時代〉という言葉。

歴史都市、観光都市、さまざまに呼ばれる京都だが、日本唯一となれば、《時代都市》の呼び名こそふさわしいのではなかろうか。そんな提言だ。古代、卑弥呼の時代から、平安の都を経て、戦国の乱をも乗り越えた京都は、まさしく《時代都市》だろう。

話を戻して烏丸通。明治から大正期にかけてのモダン建築を、見て歩くだけでも、一日や二日は軽く過ぎていく。それが京都なのだ。

明治期の名建築といって、見逃せないのが、京都の心臓部『京都府庁旧本館』【地図G㉚】なのだが、ルートを大きく外れるので、今回は触れないでおく。明治建築に興味を持たれた向きは、ぜひ一度足を運んでいただきたい。

蛸の不思議

烏丸からうんと東。多くの修学旅行生が行き交う新京極通のアーケード街に『永福寺《えいふくじ》』【地図Ⅰ】という寺があり、『蛸薬師堂』とも呼ばれている。

元は二条室町下るにあった『永福寺』。創建は平安末期と伝わり、比叡山『根本中堂』、薬師如来の分身と言われる石の尊像を本尊としてはじまった。今も残るその石の尊像は秘仏とされ、開帳は八年に一度。次の機会は平成二十八年という。

さてその薬師如来さまと蛸がどう繋がるかと言えば、母思いの若き僧侶、善光《ぜんこう》が殺生を禁じた戒律との狭間で悩んだことにはじまる。

病床にあって、日々衰弱していく母親の願いは、蛸を食べたいというもの。逡巡の末、善光は市場で蛸を買い求める。魚市場から箱を抱えて出てきた善光を見た町人が、不審を抱き追及する。と、町人の求めに応じ、薬師如来に祈りを捧げながら箱を開けると、蛸が現れ、その八本の足が八巻の経典に変わり、霊光を輝かせたという。驚いた人々が合掌し念仏を唱えると、経典は再び蛸の姿に戻って池に飛び込み、さらに薬師如来に姿を変え、瑠璃《るり》色の光を放った。その光が善光の母親を照らす。と、たちまちの内に快癒した。爾来この薬師如来は蛸薬師と呼ばれるようになった——。

分かりやすい説話を目の当たりにしたければ、足を延ばしてみたい。先のワールドカップで話題を呼んだ故パウル君のはるか先輩が、本堂の脇で身体をくねらせている。なで蛸ならぬ「なで薬師」、これを撫でてから、身体の悪い部分をさすると快癒するとされている。多くが撫でるせいで光り輝いているが、もっとも光っているのは頭の部分だ。

蛸薬師通と同じく、通り名のお堂が存在しているのは、次の六角通。こちらは烏丸通のすぐ傍に建っている。

「なで薬師」

『六角堂』。正式名称は『頂法寺《ちょうほうじ》』【地図G】。その創建は古く平安遷都の二百年も前に遡る。『四天王寺』を建立しようとした聖徳太子が、材木を求めてこの地を訪れると、夢に現れた観音さまが衆生済度《しゅじょうさいど》を求めた。それに応じるかのように、六角のお堂を建てたのがはじまり。平安京から一気に、大化の改新前へと時空を超える。これだから京都の街歩きは愉しい。

——姉三六角蛸錦——の六角はなんと聖徳太子が名づけ親なのだ。と、これだけで驚くのはまだ早い。当時、この辺りには池があり、聖徳太子はここで沐浴《もくよく》したのだが、『六角堂』を託された

「へそ石」

小野妹子は、その池のそばに坊を建てた。それが華道「池坊《いけのぼう》」のはじまりなのである。

聖徳太子、小野妹子、池坊。日本人なら誰もが知る名前が三つ出てきて、それらが関わって、今の六角通がある。そう思えば街歩きの感慨は一層深くなる。井筒石はその証しでもあるかのように、太子が沐浴した跡を今に留めている。

さらに、平安京遷都にあたって、このお堂が道の真ん中になってしまったので、造営を任された役人が移動を図ると、一夜にしてお堂は自ら移動し、後には礎石だけが残っていたと言われる。本堂の前には今もその礎石が残り、洛中の中心にあることから「へそ石」と名づけられた。

『六角堂』はまた、親鸞上人が百日参籠《さんろう》したことでも知られ、浄土真宗を開くにあたっての、想念の場ともなった。

その印として建てられた「親鸞堂」には、比叡山からここへ通う姿と、堂内で夢想する姿、ふたつの像が安置されている。境内には他にも不動明王や、聖徳太子二歳の姿を表す南無仏像を安置した「太子堂」など見どころも多い。

「へそ石餅」と「縁結びの柳」

ところでなぜ六角かというと、六根《ろっこん》に由来し、すなわち、人間の眼、耳、鼻、舌、身、意の六つの根によって生じる欲を戒《いまし》めるもの。『六角堂』のご詠歌《わが思う　心のうちは六の角　ただ円《まる》かれと祈るなりけり》と歌われている通りである。六根清浄。願いを込めて、何度かお参りしたのだが、欲が強過ぎるのかどうか。円くなる日はまだまだ遠い。

沐浴の池の「井筒石」

「親鸞堂」

ちょっと一服。お茶所へ立ち寄れば、名物「へそ石餅」と薄茶を愉しめる。六角形のへそ石を象った菓子は素朴な味わい。

華道の総本山『池坊』

「へそ石餅」

『池坊会館』

のおひざ元【地図G㊱】だから、稽古に通う艶やかな姿が行き交う寺。ここが縁結びの霊験あらたかな寺であることは存外知られていない。

都を京に移してしばらく経った頃。良縁を求めていた嵯峨天皇の夢枕に、「六角堂の柳の下を見よ」、とのお告げが立ち、がばっと起き上がった天皇は、すぐさま『六角堂』へと急いだ。と、どうだろう。そこには絶世の美女が佇んでいるではないか。迷うことなく天皇は妃に迎えた。爾来この柳の木は「縁結びの柳」として親しまれている。

烏丸通を、ほんの一キロほど辿ってきた中に、繰り返し登場するのがこの夢枕。夢に出てきたあれこれがきっかけとなって、寺ができたり、蛸が本尊になったり、縁が結べたり。

今のように電気がない時代。夜はきっと深い闇に包まれ、真の暗闇の中で、眠れぬ時間を過ごすうち、さまざまに想像を巡らせたに違いない。明るい夜は想像力を貧しくする。桜でも紅葉でも、人が集まるとなれば、深く考えることなくライトアップする。くっきりと明るく見えるそれらは、人の心にイマジネーションを生まない。闇夜に薄ぼんやりと浮かぶ桜や紅葉を見てみたいと願えども、想いが叶うことは少ない。ましてや夢枕など、それこそ夢のまた夢。

ちなみに、この地面すれすれまで枝を伸ばす柳は「六角柳」と呼ばれるが、学名は「ロッカクドウ」である。

この寺でもうひとつ。冬が終わり、春を告げる頃、早咲きの桜が境内に咲く。とは言って

「縁結びの柳」

「御幸桜」

も三月の終わりではあるのだが。

——世を祈る　春のはじめの法なれば　君か御幸のあとはありけり——

花山院《かざんいん》前内大臣が詠んだ歌からその名がついた「六角堂御幸桜」。三月の末頃から四月初めに訪れたならぜひ見ておきたい花。ちなみに、添え木もまた六角形に組まれている。この寺はどこまでも「六角」なのだ。

人の集まる書店

北へ辿る。三条通。ここを東へ向かえば東海道を経て、東京へと続く道。江戸時代にはメインストリートとして大いににぎわった。そのきっかけとなったのは、三条大橋の改修。天正十八年のことだった。当然のごとく豊臣秀吉の仕業《しわざ》。平安京の後、今の京都の町並みは、良くも悪くも、かなりの部分で、秀吉が関わっている。

次の通り、姉小路《あねやこうじ》は、平安期から同じ名が続く、珍しい道だ。つまりこの通りは平安時代から今に至るまで、千二百年以上もの間、ずっと姉小路なのだ。

そんな歴史ある通り、姉小路通には、他の通りに比べて目につくあるものがある。そのあるものとは……、と、その前に、僕のお気に入りスポットでひと休み。烏丸三条上る西側にある『大垣書店烏丸三条店』【地図G㊲】がそれだ。

　街歩きをしていて、歩き疲れたとき、僕は〈お茶〉より〈本〉だ。昔風に言うなら喫茶店、今の言葉ならカフェ。普通ならここでまったりするのだろうが、僕にはどうも落ち着けない。ぼんやり座ってお茶なりコーヒーを飲んでいると、次へ次へと気持ちが逸《はや》ってしまう。そこへいくと書店はいい。無駄な時間を過ごしていないという安心感がある。さらに言えば、ふと目にした本に次の執筆のヒントがあったりする。

『大垣書店烏丸三条店』

　昔の黴《かび》臭い、陰鬱とした本屋も嫌いではなかったが、今どきのカフェっぽい空気のブックショップも好きだ。天井が高く、昼間なら陽光燦々《さんさん》。BGMにはボサノバが似合いそうな店内には椅子も置かれ、立ち読みならぬ座り読みさえ可能。活字離れと言われて久しいが、いつ訪れても、店の中は人で溢れている。みんな本屋が好きなのだ。

　今こうして僕が本を書くようになったきっかけを作ってくれたのが、この『大垣書店』。今では三十店舗ほども擁する大型書店だが、以前は北大路烏丸の本店、ただ一軒だった。

今も京都にいれば、必ず一日一度は店を覗かないと気が済まない。分けても小学三年生の頃から高校を卒業するまでは毎日通い続けたのが『大垣書店本店』。「読む」ことが大好きな少年が、いつしか「書く」側に回るのだから、世の中は不思議なものだ。

烏丸通という大通りに面して、こんなに大きな書店を造って大丈夫なのかと、僕は案じたのだが、こういうのを先見の明というのだろう。勢いに乗って四条烏丸にも店を開き、今や京都の書店を代表するに至ったのは同慶の至り。

街角看板ギャラリー①――山本竟山・竹内栖鳳・北大路魯山人

さて姉小路。この通りで見るべきは「看板」。名看板ストリートといってもいいほどだ。まずは烏丸通から東に入ってすぐ、車屋町の東北角に建つ『亀末廣《かめすえひろ》』【地図G㉝】。文化《ぶんか》元年創業の和菓子店。四畳半型に区切った木箱に、ぎっしり詰まった干菓子で知られる店である。

店先の木製看板を見上げてみよう。表記は今と逆。右から左へと読む。『御菓子司龜末廣』。よく見ると周りを囲んでいるのは、干菓子の木型である。そしてこの字を書いたのは近代書道の先覚と称された、山本竟山《きょうざん》。馴染みのない名前だろうが、日本人初のノーベル賞受賞者、湯川秀樹の師、といえばその背景が分かるだろうか。

そのすぐ東に建つ表具店『春芳堂』【地図G㉜】の看板は彼の竹内栖鳳《たけうちせいほう》の手になる草書。当然ながら右から読むのだが、欅の一枚板にバランスよく配された三文字が、さすが日本画の巨匠を思わせる。文字が心地いいリズムを刻む。

『春芳堂』から東へ。道具屋さん一軒を挟んで『八百三《やおさん》』【地図G㉛】がある。先のふたつ

『亀末廣』看板

『春芳堂』看板

『八百三』看板

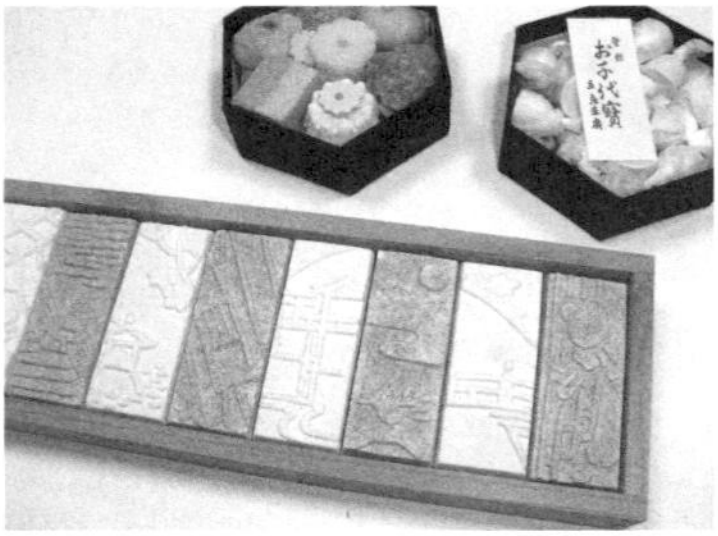

『亀末廣』の干菓子

と比べて、素人っぽい字に見える。これを書いたのは北大路《きたおおじ》魯山人《さんじん》。美食家にして陶芸家、書家、篆刻《てんこく》もよくしたという、今でいうならマルチアーチスト。

毀誉褒貶《きよほうへん》定まらぬ人物が、京都に残した商業看板は七作。現存するのは、そのうちわずかに二作と言われていて、その一枚がこれ。表に架かるのは摸作《もさく》ではあるのだが。

ではその、後の一作は。これが僕にはまだ明らかにできていない。街をくまなく歩き、あれこれ調べてはみたものの、いまだその看板を見つけられずにいる。

さて魯山人。北区上賀茂の社家に生まれ、数奇な運命を辿った。その傲慢な生き方も含め、好き嫌いで言えば後者に属するが、それでも残した作品は、文章も含めて残すべき価値を認めざるを得ない。

京都時代に看板を見て字を覚え、東京に出て看板絵を描く職人として生計を立てたと言われる。それだけに京都に戻って看板の書を依頼されたときは、感慨深いものがあっただろうことが推察される。

例えばこの『八百三』の文字。「柚味噌」の三文字である。柚の字は下に重く、噌は上を重くして、三文字の字配りをよくしている。独特の美意識がこの三文字に表れ、意識が過ぎているようにも思える。

書家の書を疎《うと》んじ、様まで付けて良寛《りょうかん》和尚の書を第一等と賞した魯山人。良寛の「肉細描線」に抗するかのように、肉太の書を残している。

それはさておきこの店の看板商品である「柚味噌」。洛西水尾の里になる柚子を使って味噌を作り、三百年の長きにわたってそれを守り続けている。風味豊か、誠実に作られている「柚味噌」は、冬の京土産として、これを越えるものはないだろう。

冬の美味としてなら、大根、こんにゃく、豆腐、生麩など、それ自体が味を深くしない素材を温め、この「柚味噌」を少しばかり載せて食べるのがいい。趣を変えるなら、分厚いトーストに塗るという手もある。マーマレードよろしく、微《かす》かな苦みが朝の目覚めを促してくれる。あるいは和風ロシアンティー。ダージリンなどに「柚味噌」を溶かし込むのも、冷たい冬の朝

『八百三』の「柚味噌」

にはふさわしい。

土産にするなら柚子を象《かたど》った陶製の器に入ったものがいい。家用なら曲物入りで充分。しんしんと雪が降り積もる夜半。グラスの底に残った、少しばかりのボルドーの相方に、人差し指で掬《すく》った「柚味噌」ほど艶っぽく寄り添うものはない。柚子の香りが官能をくすぐり、雪明かりが差し込む窓のカーテンを引く。

冬ならではの愉しみは、三百年の歴史を重ねてきた「柚味噌」とともに。

街角看板ギャラリー②——富岡鉄斎

看板巡り。姉小路をさらに東へ歩くと、いくつか目につくだろうが、どうしても見ておきたいのは、麩屋町《ふやまち》を越えて直ぐ、南側にある『彩雲堂《さいうんどう》』【地図F㉘】。日本最後の文人と呼ばれる富岡鉄斎《とみおかてっさい》の手になるもの。

文人画家として多くの絵画を残したが、その独特の筆使いから生まれた書を愛するファンも少なくない。

この『彩雲堂』。ただ看板の字を書いただけではなく、鉄斎が名づけた店名なのだそうだ。元は『伊勢屋』と呼んでいたのを、鉄斎が李白の漢詩から名づけ、屋号とともに看板を贈った伝わる。「彩雲」とは、縁などが美しく色づいた雲のことを言う。鉄斎は、数多くの作品を残したが、店名を名づけたのは稀《まれ》。この店の絵の具を愛用した証しなのだろう。

もうひと足伸ばすと、同じく鉄斎の手になる看板がある。

が、その前に、『彩雲堂』の真ん前にある『ギャラリー遊形《ゆうけい》』【地図F㉗】を素通りするわけにはいかない。京都スーヴェニールを求めるのに最適の店だからである。

京都を代表する名旅館『俵屋《たわらや》』【地図F】の直営店ゆえ、宿で使われているさまざまをここで入手できる。かつて拙著『京都の値段』で紹介し、一躍大ブレークした石鹸をはじめ、ピンは寝具一式から、キリは匂い袋や干菓子に至るまで、バリエーション豊富な『俵屋』グ

『彩雲堂』

『ギャラリー遊形』

ッズが所狭しと並べられている様は圧巻。デパ地下や駅売店、どこにでも売っている京土産とは、ひと味もふた味も違う品々。土産に買ったはずが、手放すのが惜しくなり、いつの間にか自分用になったとは、よく聞く話。

きらびやかに着飾って、女将でございい、と宿の中を舞い踊るようなことはせず、ただ一心に宿の居心地を高めるため、黒子に徹する女主人の感性は、並外れている。たとえ小さなポーチであっても、色合い、形、使い勝手と、考え抜かれたもの。

日本一の宿。『俵屋』がそう賞されるわけが、この店からもうかがえる。

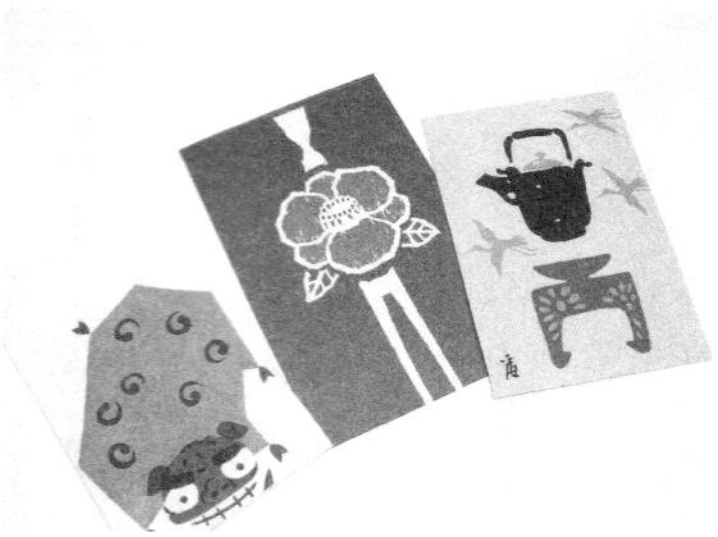
『鳩居堂』のポチ袋

ショッピングを済ませたら、姉小路通を東へ。若い人たちでにぎわう御幸町通を越えると寺町通。アーケード街の北西角には、堂々たる建物の『鳩居堂《きゅうきょどう》』【地図F㉒】があり、辺りには品のいい香の香りが漂う。またしても寄り道。

もし幸運にもこの店を師走に訪れたなら、迷うことなくポチ袋を探そう。忙しさに紛れて、年賀状書きが、まだだったら、和紙はがきを買い求めればいい。どちらも受け取った人の笑顔が二倍にも三倍にもなるはずだ。

文房四宝《ぶんぼうしほう》。見ているだけでも愉しいが、求めて手許に置き、愛玩すれば、その味わいは年を重ねるごとに増すものばかり。和ブームなどという言葉がなかった頃からの老舗には、本物だけが醸し出す風格を感じさせる。

鎌倉時代のはじまる前。熊谷直実《くまがいなおざね》が源頼朝から「向かい鳩」の家紋を賜《たまわ》ったことが店のはじまり。薬種商からスタートし、今に至るまで、京都はここ、東京では銀座五丁目に店を構え、日本文化を正しく伝えてきた。鉄斎との親交も深かったが、看板の字は別人のもの。

『桂月堂』看板

『鳩居堂』を出て、南へ下るとレトロな電気笠を吊るす店があり、その南隣が目指す『桂月堂《けいげつどう》』【地図F㉓】。今風ではない、伝統的なドイツ菓子を商う洋菓子店である。

店先に立って、木の看板を見上げる。これが鉄斎の字である。縦に「西洋菓子商」とあり、そこから左へ桂、月、堂と続く。竹内栖鳳、北大路魯山人と来て、鉄斎。やはりプロの仕事だと分かる。店と客との、ちょうど真ん中に立っているのがよく分かる字だ。店側に偏《かたよ》り過ぎないように用心深く書いたものだろう。商業看板とは、かくあるべしの見本がここにある。

看板だけ見て、では如何《いか》にももったいない。ここには「瑞《ずい》雲《うん》」という銘菓がある。

ロールケーキを焼いた菓子、といえばいいだろうか。昔はこういう焼き菓子が多かった。冷凍技術も未熟で、流通事情もよくなかったから、日持ちする、というのは人気菓子の最低条件だった。この「瑞雲」、日持ちはしないが懐かしい味がする。今どきのスイーツのように、口に入れてすぐ甘さと香りが広がるのではなく、噛みしめると、ひと口、ひと口と、甘さがしみじみと舌に沁み込んでいく。

『桂月堂』の「瑞雲」

寺町通。ここから北へ歩くとまた違う顔が見えてきて、歩いて愉しい通りだ。

冬の街歩き。後半戦はこの寺町通を北へと歩く。

二・寺町通を歩く――三条辺りから丸太町まで

寺町通歩きのスタートは三条からとしたい。

と、いきなりの腹ごしらえはどうだろうか。少しばかり戻る格好になるが、歩いて五分とかからない。富小路三条を少し下ったところのマンション一階に目指す店はある。店の名は『更科《さらしな》よしき』【地図G㉟】。五席ばかりのカウンターとテーブル席が二卓あるだけの小体な店である。

『更科よしき』と『生そば常盤』

店の名が示す通り、江戸流の更科蕎麦が売りの店。

いつの頃からか、蕎麦は小難しい食い物になっている。ラーメン通とは趣を異にするが、食べることと同じくらい語ることに情熱を傾ける点においてはよく似ている。共通点として、ディテールに煩《うるさ》い、神格化する、眉間にしわを寄せて食べる、がある。行列をいとわない、も付け加えておこう。

ミシュランでも星を取った蕎麦屋が京都に何軒かあるのだが、どこも僕は苦手としている。品書きの多い蕎麦屋は、ちょっと油断すると、蕎麦屋とは思えない勘定書きになってしまうし、品書きの少ないほうは、待たされる時間と、その後に出される蕎麦が〈つろく〉しないのだ。標準語でいうなら、つり合いが取れない。この夏も、炎天下、長い列を作って蕎麦を待つ多くの客を見て、尊敬の念を抱かずにはおれなかった。

『更科よしき』は、ほどよき蕎麦屋である。だが、かと言って、星を取った蕎麦屋と比べて劣るかと言えば、まったくそんなことはなくて、香りよし、喉越しよし、味わいさらによし、と三拍子揃った蕎麦が食べられる店だ。それでいて、ランチタイムには「小海老天丼とかけ蕎麦」千二百三十円などという嬉しいメニューがあったりする、愉しい蕎麦屋。

この店で僕の一番の気に入りは天麩羅。東京風の分厚い掻き揚げがすこぶる旨い。お酒を片手に天麩羅だけ食べて、さくっと、もり蕎麦で〆てもいいが、冬場は種ものとして、「掻き揚げ蕎麦」千五百三十円にするのがいい。冷たいもり蕎麦のときは、百円追加して更科にすると、蕎麦の香りが立って、一層味わいが深くなる。

一度は夜に、じっくり腰を据えて、玉子焼きからはじめて、天麩羅をしっかり食べてから蕎麦で〆たいと思いつつ、なかなか叶わずにいる。

星など不要のこだわり過ぎない蕎麦屋、冬ならずともおすすめできる店だ。

それでもなお不満。こだわりなど、微塵も要らないと仰《おつしや》る向きに格好の店が、寺町三条を上ったところにある。それが『生《き》そば常盤《ときわ》』【地図F㉖】、明治十一年創業の、由緒正しき蕎麦食堂だ。

「書を捨てよ、町へ出よう」と言ったのは寺山修司だが、僕は「こだわりを捨てよ、常盤へ行こう」と言いたい。彼のショージ君なら狂喜乱舞するに違いない店だ。

店の前に立ち、ずらりと並ぶサンプルメニューを眺めるだけですでに愉しい。この店で一度は食べてみたいのが「にしんざる」。ざる蕎麦とにしんの棒煮が一緒に出てくる。おそらくは、京都中の蕎麦屋を探しても、きっとこのメニューはない。どんな店でも、にしんといえば、温かい蕎麦に載せられて出てくるもの。ざる蕎麦とにしんの棒煮。初めてこのメニューと対面したとき、僕は途方に暮れた。どう食べればいいのか、と。

『生そば常盤』

東の方には馴染みがないだろうが、京都で蕎麦といえば、まず浮かぶのはにしん蕎麦である。しかしそれは、温かい蕎麦の上ににしんの棒煮が載ったもの。まずはにしんを出汁の中に沈め、蕎麦を啜る。にしんと出汁が馴染んだところで、ひとくち齧る。後は蕎麦をにしんに絡めるようにして、舌にのせる。つまりは、にしんは温かくして食べるのが、にしん蕎麦なのだ。が、この店では、冷たいざる蕎麦しかない。にしんも熱々ではない。

とにかくは箸を、となって、テーブルに置かれた箸入れが、なんとも不思議な造りだ。「赤いボタンを押してください。箸が出ます」とあって、指示に従うと、ちゃんと箸が出てくる。遊び心が嬉しい。

名物ではあるのだが、冬にこの店を訪ねて、「にしんざる」を頼むべきかどうか、となると、迷うところだ。どうしても食べてほしい、とは思わない。で、この際、方針を変更して「ビフカツ丼」などはいかがだろうか。あるいは冬季限定カキフライ。先の「にしんざる」と同じく、話の種にするなら、迷わず「ビフカツ丼」だ。これまた不思議な眺め。絶対に他の店では見ることのない盛りつけだ。

玉子丼の真ん中に海苔が一枚。その上方に牛のカツが三切れ。ケチャップが塗られている。これまた、どう食べればいいのか。また途方に暮れる。どうもこの『常盤』という店は、客を途方に暮れさせて悦に入っているのではないか、そう思えてくる。

玉子丼をほじってみると、けっこうツユだくである。しかも薄味。ケチャップの付いたカツと一緒に口に入れる。相性がいい、とは口が裂けても言えないが、まったく合わないとも言い切れない。考えてみれば、オムライスにはケチャップが付きものなわけで、そこにカツが加わったとしても、何ら問題はない。恐らく『常盤』はそう言いたいのだろう。赤出汁が付いて八百円でこの味。文句は言えない。話の種に一度は食べておきたい。と言いながら、店を出ると、味を反芻《はんすう》している。ひょっとするとクセになる味なのかもしれない。

『矢田寺』の迎え鐘

と、お腹も膨《ふく》れたところで、冬の街歩きに戻ろう。まずは『生そば常盤』のすぐ南側にある『矢田寺《やだでら》（矢田地蔵尊）』【地図F】だ。

前々著『京都　夏の極めつき』で「六道参り」を書いた。お盆にご先祖様をお迎えする『六道珍皇寺《ろくどうちんのうじ》』【地図H】の「迎え鐘」。十万億土まで響き渡り、冥途の精霊を迎えると言われる。

〈迎え〉があれば〈送り〉も要る。御霊をあの世に送り返す鐘の音。それがこの『矢田寺』の「送り鐘」。好一対をなすものだ。

『矢田寺』の「送り鐘」

『天性寺』の弁財天

鰻の寝床よろしく、この寺の入口は狭い。提灯が並び、奥に鎮座する地蔵さまへと灯りが誘う。『矢田地蔵尊』は奈良、大和郡山の古刹『矢田寺』と縁が深い。

平安京の怪人、小野篁《おののたかむら》はあの世とこの世を行ったり来たり。閻魔大王の提案を受けて、奈良『矢田寺』の上人を地獄へ招待した。と、その上人はそこで、罪人を救う地蔵菩薩と出会う。この世に戻った上人は小野篁の協力を得て、地蔵菩薩を本尊とする寺を建立した。その後、この地蔵菩薩は紆余曲折を経て、京都に鎮座することになったと伝わる。

この『矢田寺』から数軒北に、浄土宗寺院の『天性寺《てんしょうじ》』【地図F】があるが、両寺とも、最初からこの地にあったわけではない。戦乱、大火、そして秀吉。この三つの難に遭遇して、各地を転々とし、ようやく今の地に落ち着いたのだ。寺や神社が、長くその地に留まるのは平和の印なのだろう。

その『天性寺』。『曼荼羅《まんだら》山當麻院』と号する浄土宗の寺院だ。本尊は阿弥陀如来座像。立派な山門を潜って、本堂で手を合わせた後、もう一カ所、境内の奥にお参りしておきたい祠《ほこら》がある。それが大和の国、天川にある『天河弁財天《てんかわべんざいてん》』の分祀。『天河弁財天』といえば、名にし負うパワースポット。芸能関係者の信仰も篤《あつ》い。かの名探偵浅見光彦が活躍した神社としても知られる。

山深い里にある社ゆえ、足を運ぶには、かなりの勇気が要るが、ありがたや京都の街中で、遥拝《ようはい》できるのだ。この辺りの話もおそらくは大方のガイドブックに載っていないだろう。歩いてみてはじめて知る。京都に限らず、旅の基本は歩くこと。芭蕉《ばしょう》の時代から今に時代は変わっても、基本は変わらない。

『スマート珈琲店』のホットケーキ

『スマート珈琲店』のホットケーキ

ここでいっぷく。山門の向かいにある『スマート珈琲店』【地図F㉕】の扉を開こう。赤い大きな珈琲ミルが目印だ。

カフェ全盛の時代になっても、京都の主流は喫茶店。『イノダコーヒ』『前田珈琲』そしてこの『スマート珈琲店』。それぞれにファンがいて、この店の珈琲を飲まないと朝が来ない、と言い放つ。

喫茶店と言いながら、先に挙げたどの店も独特の美味を供する。多くは昔ながらの洋食。この『スマート珈琲店』も例外ではなく、正しい洋食が二階のレストランで食べられる。クリームコロッケ、海老フライ、ハンバーグ、ポークソテー。どれも旨いが僕のイチオシは、オムハヤシ九百五十円。

『其中堂』

今風の、ふわとろではなく、しっかり焼いた玉子の味が懐かしくも美味しい。何でもかでも、軟らかければいいというものではない。薄焼き玉子でケチャップライスをくるりと包んで口に運ぶ旨さは、いかにも京都らしい味わい。

ランチタイムを過ぎていれば珈琲だけでもいいが、小腹が空いていれば、名物ホットケーキに舌鼓を打つのも一興。バターを溶かし、シロップをたっぷりかけて、ナイフを入れる、その感触がすでにして美味しい。冬場に食べると心までもが温まる。

いっぷくの後、店を出て、一軒おいてすぐ北に『其中堂《きちゅうどう》』【地図F㉔】という古書店がある。仏教書の専門店なのだが、店の上を見上げてみると、庇《ひさし》の上にある不思議な欄干が目に入る。仏教書専門店らしい「看板」だ。

先に紹介した『桂月堂』『鳩居堂』を過ぎ越して、さらに北へ上る。

三条から御池までの寺町通には、アトリエ、ギャラリー、画廊、エスニックショップが多く点在し、ちょっと不思議な「アート」の街並みを作っている。その極みとも言えるのが民族楽器の店、『民族楽器コイズミ』【地図F㉑】。

どこの国のもので、どうして奏でるのか、外から見ているだけでは見当もつかない楽器が、所狭しと並んでいる。興味を持たれた向きは、尋ねてみればいい。懇切丁寧に教えてくれる。

『本能寺』の「火伏せの銀杏」

『本能寺』の火伏せの銀杏

音楽に心が動かない向きは、向かい側に移動。この通り、最大の有名どころ『本能寺』【地図F】の参道に足を運ぶ。

歴史を変えたほどの有名寺院。この寺に触れはじめると、きっと止まらなくなる。どのガイドブックにも詳述してあるはず。詳しくはそちらに譲ることにして、ひとつだけ、どうしても見ておきたいものがある。それは「火伏せの銀杏」。前著で『西本願寺』の火伏せの銀杏を書いたが、同じような木が、この『本能寺』にもあって、こちらの木も水を噴いて、火災から守ったと伝わる。

今は工事中になっている本堂の奥、南東の隅にある巨木がそれだ。天明の大火の際、この木から水が噴き出し、延焼を防いだばかりか、なんと、この木の下に避難した人々も、火から逃れて、危うく命拾いしたというから、相当な水量だろうと推量される。

駄洒落はさておき、なぜ銀杏の木には、水を噴き出すという伝説があるかというと、それは、銀杏の木の葉に秘密がある。

触ると分かるが、銀杏の葉っぱはかなり肉厚で、その内に水分をため込む性質があるのだそうだ。そう言えば、厚くて、しっとりしている。それ故、防火に役立つとなり、街路樹に多く植えるようになったということのようだ。昨今話題のサプリメント、イチョウ葉エキスの効能に、認知症予防が謳われているが、葉の潤いがひと役買っているのかもしれない。

寺町通に戻って、アーケード街の果ては御池通。この西南角にあるのが和菓子の『亀屋良《よし》永《なが》』【地図F⑳】。京都人には、その屋号より、「御池煎餅」という商品名のほうが馴染みが深い。

ふわりと軽く、ほんのり甘い煎餅は老若男女、誰もが好む味。慶弔を問わず、京都人のお使い物に大活躍。京土産にも最適だ。缶のラヴェルデザインは棟方《むなかた》志《し》功《こう》、看板の字は武者《むしやの》小路《こうじ》実篤《さねあつ》とくれば、店主の好みが分かろうというもの。

そう言えばこの「御池煎餅」、噛むほどに、白樺派、民藝《みんげい》などが全盛を誇った、古き良き大正時代の味がする。

御池通の向こうには『京都市役所』が見える。老朽化に伴い、幾度か建て替えの話が出る

『亀屋良永』看板

「御池煎餅」

が、この風格ある建築は何物にも代え難い。

粋なショッピングストリート

広い通りを渡る。左側には市役所に向かい合って、似たような洋館建築が並ぶ。雑多な商店が続く中、押小路通を越えて、数軒北に、ビルに挟まれて、瀟洒《しようしや》な日本建築の二階家『清課堂《せいかどう》』【地図F⑱】がある。

錫《すず》工房『清課堂』の堂々たる看板文字は鉄斎だ。それだけで、この店の商いの大方の見当が付く。看板文字がいかに重要かが分かる。デザイン化された今風のショップロゴとは、いささか趣を異にする。文人墨客、芸術家、その人となりと店が、どう結び付くか、が看板文字のおもしろさ。

『清課堂』の商品はどれもが美しい。茶器、酒器、装飾品。どれもが精緻な細工を施しながら、きちんと「用の美」を備えている。

スーヴェニールにするなら、銀製の耳かきがいい。三、四千円ほどで買えるが、見るだけでも美しく、使ってなお心地いい。折れる心配がないので、安心して耳掃除ができる。プレゼントにしてもきっと喜ばれる。「かゆいところに手が届く」のだから。

古美術店が続く界隈は、ずいぶんと様変わりした。梶井基次郎《かじいもとじろう》の短編『檸檬《れもん》』の舞台となった果物店『八百卯』も店を閉じ、二条通を越えて、東側にあった焼き芋店『川越芋』もなくなってしまった。名物店がなくなるのは、いかにも寂しい。

そんな中でしかし、ここから先、二条から丸太町辺りまでの両側には、個性的で、かつ京都らしい品を商う店が点在していて、買い歩きをするのには格好の通りとなる。

まずは東側の『村上開新堂本舗』【地図F⑰】。冬の名物は「好事福盧《こうずふくろ》」。みかんをくりぬき、果肉をゼリーにしたもので、期間も数量も限定なので、ふらりと入って買えるものではない。必ず予約をしてから出向きたい。池波正太郎好みの、あっさりした菓子である。

数軒北の『紙司柿本』【地図F⑯】は和紙のデパートといった趣。和紙そのものから、加工した文房具

『清課堂』

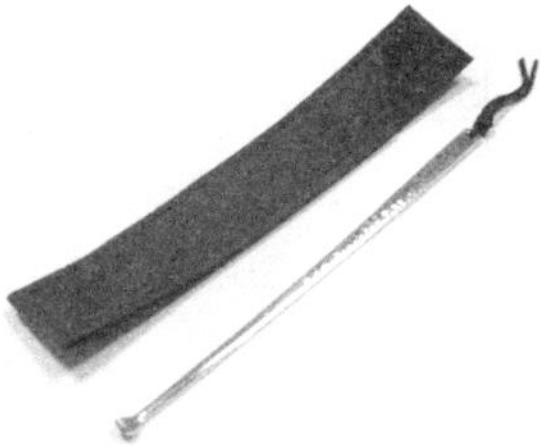
銀製の「耳かき」

『村上開新堂本舗』

『古梅園』

まで、さまざまな商品が並ぶ。

その向かい側には『古梅園《こばいえん》』【地図F⑭】。文房四宝の店。和の文房具は、姉小路の『鳩居堂』から、この『古梅園』までで、大方が揃う。

西側のその北には『大松』【地図F⑬】。京都人御用達の魚屋。ひと塩した若狭鰈などは、この店以外では買わないと決める都人も少なくない。

その北隣は、次章で紹介する『末廣《すえひろ》寿司』。向かい側、東側には、何度も紹介してきた茶舗『一保堂』【地図F⑮】がある。重複するので詳述は避ける。

ギャラリーや古美術店が並ぶ街並みは、文化の香り高く、歩いて愉しい通りだ。

夷川通《えびすがわどおり》と交差する。この通りを西に進めば、家具屋街。両側に家具屋が並び、多くの京都人はこの通りで家具を揃える。

東側、夷川通の突き当たりに『ＨＡＴＡ革包《こうぼう》』【地図Ｆ⑪】という革細工の店がある。ここも一見の価値ありだ。カラフルな革製のバッグや財布、アクセサリーなど、丁寧な作りのオリジナル商品が、狭い店内にぎっしりと並んでいる。頃合いの価格も嬉しい。

歩き疲れていっぷくするのに格好の店が二軒、西側にある。『進々堂寺町店』【地図Ｆ⑩】

『HATA 革包』

『シェ・ラ・メール』のケーキ

と『シェ・ラ・メール』【地図F⑨】。前者は、京都でも老舗の部類に入るパン屋さんの喫茶店。サンドイッチをはじめ、軽い食事もでき、パンを買い求めるにもいい、重宝な店。後者は小さな愛らしいカフェだが、ここのケーキは、知る人ぞ知る、隠れた人気。好みによって、気分に応じて使い分ければいい。

革上人と八所御霊

竹屋町通まで上ると、まるで、その通りの続きでもあるように、東側に山門が見える。天台宗の寺院『行願寺』である。が、都人の多くは『革堂』（五十一頁参照）と呼んでいる。

豊後の国の行円《ぎょうえん》なる上人。元は猟師だった。好んで狩猟をしていたある時、山中で射止めた雌鹿のお腹から子鹿が産まれてきたのを見て、殺生を悔い改め、仏門に帰依したという。京の都に入り、加茂の明神さまから神木を授かり、これに千手観音を刻んで祀ったのが、当寺のはじまりと伝わる。

行円上人は、肌身離さず鹿の革をまとい、念仏を唱えたことから、いつしか「革上人」、あるいは「革聖」と呼ばれるようになり、寺の名も『革堂』となった。

本尊は当然のごとく千手観音像。西国三十三所観音霊場の第十九番札所であることから、巡礼姿を見かけることも少なくない。さらに堂内にある「寿老人」像は、第一章で書いた「都七福神」参りのひとつに挙げられていることから、その参拝者も多い。いつもにぎわっている寺である。

室町時代には「町堂」、町衆の集まる場としてにぎわった。上京はこの『革堂』、下京は、先に書いた『六角堂』。どちらも町衆たちの結束の場となり、集会所としての役割も果たしていたという。

そんなにぎわいとは対照的に、通りを挟んで、この寺のすぐ北側にある『下御霊神社』【地図F】は、冬枯れの木立に挟まれて、ひっそりと佇む社である。

応仁の乱勃発の地に建つ『上御霊神社』と対をなす御霊社は、『京都御所』の「産土神《うぶすながみ》」としても尊崇《そんすう》され、中でも霊元天皇は篤くこの社を崇めたという。

境内に湧き出る霊水は、京都三名水のひとつ『梨木神社』「染井の井戸」と同じ水脈であることから、名

『革堂（行願寺）』

水の誉れ高い。ペットボトルに水を汲む姿も多く見かける。

『下御霊神社』の井戸

幾分、荒廃が進んでいるように見受けられるのは残念至極だが、毎年五月十八日の祭礼は大いににぎわう。丸太町から二条まで、寺町通に露店がずらりと並び、老若男女が鳥居を潜る。

早良《さわら》親王以降の「八所御霊」を祀る社。元は一条京極にあり、その後は転々と場所を移し、現在の地に定めたのは、秀吉の命によるものだったという。

烏丸五条からはじめた通り歩き。はて、幾度この秀吉の足跡を見てきたことだろう。よく言えば街を整理したとなるが、悪く言えば、好き勝手に街を動かしたともなる。冬の街歩き、秀吉の存在感が極まったのではないだろうか。

京都の街を歩くということは、時代を見ることに他ならない。僕が、京都は「時代都市」だと主張する所以である。

第三章

京の冬の味

京の底冷え。

どんなに地球全体が温暖化に向かっていようとも、この寒さだけは変わらない。それはきっと京都の寒さが、温度だとか、湿度など、科学的な数値で測れないからだろう。

東、北、西、三方を山に囲まれた京都盆地に、それぞれの峰々から、木枯らしが吹き込む。分けても東北、比叡山からのそれは「比叡颪《おろし》」と呼ばれ、都人の肩を縮めさせる。頬に当たる風は冷たく痛い。

極まるのは曇り空の朝。どんよりと重くのしかかる雲の間から、時折り陽が射してくると、その陽光を吹き飛ばすように山からの風が吹き下ろす。

「さぶおすなぁ。大事おへんか」

「ほんまにさぶいこと。お風邪召さはらへんよう」

街角で出会った都人が互いを気遣う。

寒さから身を守ろうとして、京都人は知恵を凝らし、「食」にいくつもの工夫を重ねてきた。寒さしのぎの料理は大きく三つ。一に「蒸し」、二に「餡《あん》かけ」三に「九条ねぎ」。京都人はこの三つで冬の寒さをしのぐ。

さらには煮込み料理に鍋。格別の食材もあれば、普段着の料理もある。京都の味は冬にこそ極まる。

一．京の冬の美味

1．蒸し料理

『末廣寿司』の「むし寿司」

冬になれば、どこの地方でも食べられていると、子ども心にかたく信じていたのが、この蒸し寿司。それほどに、子どもの頃は、冬には欠かせない愉しみだった。

比叡颪が吹き下ろす朝。底冷えのするこういう日は絶好の、蒸し寿司日和。言いだしっぺは、たいてい祖父だった。

「末廣さんに電話したらどうや」

寺町二条にある『末廣《すえひろ》寿司』【地図F⑫】は、京都ならではの寿司屋。持ち帰りと仕出しがメイン。当時は河原町荒神口にあった我が家まで、小半時ほどで配達してくれた。

蓋付きの蒸し碗に入った蒸し寿司。家業の歯科医院の午前の診療が終わるまで、新聞紙に

『末廣寿司』

包んでコタツの中へ。電子レンジもない時代、たいていはこうして保温した。

仕事を終えた祖父が食卓に着く。皆が揃ったことを確かめて、おもむろに蓋を開ける。それを合図に家族がいっせいに蓋を取り、箸を取る。

紅い海老、桃色のでんぶ、茶色い椎茸と穴子。それらを包み込む黄色いきんし玉子。一見すると、普通のちらし寿司に見えて、しかしその温度が違う。

ほくほくと熱々を咽《むせ》ながら一気に食べる。甘めの酢飯と刻み穴子、きんし玉子の醸し出すハーモニーは、心の底から温めてくれる。『末廣』から届く湯気の向こうには、きまって家族の笑顔が並んだ。

お茶の『一保堂』の向かいあたり。少ない席数ながら、熱々の蒸し寿司が店で食べられる。注文してから作りはじめるので、先に注文を済ませて、寺町通でショッピング、も一法。和紙の『紙司柿本』や古道具店、五色豆の『船はし屋』などが、すぐそばにある。

この時期、京都の街中の寿司屋では、多くがこの蒸し寿司を商い、店先に置かれた蒸籠《せいろ》から、もうもうと湯気を上げてアピールする店もある。それぞれがそれぞれの味わいなれど、僕は『末廣』以外で食べる気がしない。それはただノスタルジーゆえのことかもしれないのだが。

京の蒸し寿司、一度は食べないと、冬が来た気がしない。

『一平茶屋』の「かぶら蒸し」

蒸し料理をもうひとつ。かぶら蒸し。

京の冬を代表する伝統野菜のひとつ、聖護院かぶらを擂りおろし、下味をつけた具と合わせて、こんもりと丸くかたどり蒸し上げる。そこに出汁の効いた餡をたっぷりとかける。これがかぶら蒸し。

京都の割烹店なら、冬場はたいていこれを品書きに載せる。見た目はどこも同じようだが、中に入れる具も、餡の加減も異なり、ふたつと同じ味がないのも、かぶら蒸しの不思議である。

お目当ては『一平茶屋《いっぺいちゃや》』【地図I㊿】。『南座』から川端沿いに少し下ったところに、暖簾があがっている。

『一平茶屋』

四条河原町あたりから歩いて店に向かうのがいい。「四条大橋」を渡ろうとして、川面から吹き上げる風に、思わず顔をしかめ、身をすくめる。橋の中ほどまで歩を進めると、はるか川向こうに、暖簾が見える。足早に橋を渡り切り、ようやく店に入ると、あっという間に、湯気で眼鏡が曇る。

名物「かぶら蒸し」は、定食三千七百円にするか、単品千六百円で頼むか、いつも迷うが、昼なら単品、夜ともなれば熱燗七百円を片手に、定食を頼むのがいい。

平たい蒸し碗が出てくる。

熱々の餡がとろりと舌に甘く、かぶらの爽やかな青みをやさしく包み込む。はふはふと口に空気を含みながら食べるのが、火傷を防ぐコツ。具はグジ、鶏肉、百合根に椎茸などなど。道明寺粉を繋ぎに使っているせいか、かぶらはもっちりとした歯応え。かための餡は食べ終わるまでゆるくならない。

とろり、もちもちと食べるうち、じわりじわりとお腹が温まり、ほっこりと心が安らぐ。

食べ終えて必ず思うことだろう。冬の京都に来てよかったと。

ヘルシーこの上ない料理だが、意外に腹持ちはいい。寒ければ寒いほど、その旨みが増す『一平茶屋』の「かぶら蒸し」。冬の京都を訪れたなら、一度は味わっておきたい。

『祇をん松乃』の「せいろむし」

もうひとつの蒸し料理もまた、『南座』のすぐそばにある。

『南座』の前を通り過ぎ、東へと向かうと間もなく、鰻を焼く馨《かぐわ》しい香りが漂ってくる。京都を代表する鰻屋『祇をん松乃《まつの》』【地図I㊽】だ。

『祇をん松乃』の「せいろむし」

夏の土用の丑なら鰻重に決まりだが、底冷えの冬ともなれば名物「せいろむし」に限る。

鰻は東西、その料理法が異なる。背開きにして、蒸しを入れながら軟らかく焼き上げるのが東なら、腹から開き、直焼きにして皮目を芳《こう》ばしく焼き上げるのが西。それぞれに味わえばいいのだが、僕の好みは東。ありがたいことに、京都の名店はほとんどが関東風。

ここ『祇をん松乃』も例外ではなく、ふんわり軟らか鰻で人気を呼ぶ。炭火で鰻を焼く様を横目にして店に入る。民藝調の設《しつら》えが確かな味を予感させる。

――鰻屋は待つひとときこそ愉しけれ――

待ち侘びた「せいろむし」が出てくる。朱色の漆箱に木箱が納まり、スクランブルドエッグにも似た玉子を挟んで両側に、どっしりと鰻が載っている。

木製の匙で食べるのがこの店流。軟らか過ぎて、箸だとその隙間からこぼれおちてしまう。ふわりと軟らかい鰻、しっかりとタレの染みた熱々ご飯。間を取り持つ玉子はコクがありながら、さっぱりとした後口を残す。

蒸し料理の最大の特徴は、冷めにくいことにある。鰻、ご飯、玉子と食べ進むうち、いつしか額にうっすらと汗がにじんでいる。冬の鰻も捨て難い。

2. 京の鍋料理

『山家』の「鴨のはりはり鍋」

公家遊びのひとつに鴨猟《かもりょう》があった。今もそれは宮家の風習として残り、鴨の御猟場は、江戸川筋にある。それ故かどうか、京都人は格別に鴨を好む。冬の割烹に鴨ロースは欠かすことのできないもの。鴨をミディアムレアに焼き上げ、煮詰めた甘辛タレに和辛子を付けて食べる。あるいは鴨葱。

冬に旨みを増す九条ねぎと鴨の幸せなマリアージュは、古くから鴨葱と呼ばれ、その相性の良さは筋金入り。

『山家』店内

そんな鴨料理の数々を味わえるのが、洛北下鴨に店を構える『山家《やまが》』【地図D④】。先年、惜しまれつつ店を閉じた、京都切っての鶏肉店『鳥京』の流れを正しく汲む店である。以前『京料理の迷宮』（光文社新書）でもご紹介したように、鶏料理をメインにした和食処だが、冬場の名物は鴨。分けても、大阪名物「はりはり鍋」の鯨を鴨に置き換えた、「鴨のはりはり鍋」が京都らしくて旨い。

「はりはり鍋」に欠かせないのが水菜。水菜といえば京都の冬を代表する葉物野菜。しゃきしゃきとした、その食感から

「はりはり」の名がついた。鯨の赤身に、勝るとも劣らないブラッディな旨みが、水菜と絶好の相性をみせる。

上賀茂も近いことから、採れ立て野菜も際立った旨みを湛える。洛中から、わざわざ足を延ばしても、きっと後悔しない店だ。

『畑かく』の「ぼたん鍋」

ただ肉を食べるだけだというのに、その名前にまで風流を持ち込むのが日本人の感性である。

馬肉を桜、鹿肉をもみじと表現した民族は、猪肉を牡丹と言い表した。見事という他はない。この肉を花に喩えようとして、はて他にあるだろうか。

烏丸鞍馬口。地下鉄なら烏丸線の「鞍馬口」駅が最寄りの駅。鞍馬口通から南に下って、ひとつ目の信号を西へ入ってすぐ。京都で牡丹鍋といえば、ここしか思いつかない、老舗『畑《はた》かく』【地図D⑥】は、立派な門構えで客を迎え入れる。花街でもなく、繁華街でもない、こういう場所に名店が潜んでいるのが京都という街。

庭も見事なら、座敷も立派。花街から遠く離れた地。なぜこの場所かと言えば、それは鞍馬口という地名に由来がある。

古く京都には「京の七口《ななくち》」と呼ばれる地があった。周囲を山に囲まれた都に出入りするに、無秩序より、決められた道筋を作ったほうが何かと都合がいい。平安の頃には七カ所と限らず、十カ所ほどの〈口〉があったのを、鎌倉幕府が「鎌倉七口」を定めたのに倣って、後世になって「京の七口」と呼ぶようになったのだろうと推測される。したがって七口は、時代とともに変わっていくのだが、鞍馬口はずっと変わらず存在していたようだ。

文字通り、ここは鞍馬街道からの出入り口。山深い鞍馬は丹波にも続き、街道沿いには、多くの禽獣《きんじゅう》が存在し、その代表ともいえるのが猪だった。

『畑かく』

一方で、この鞍馬口は、七口の中で、もっとも御所に近い。御所には古く、お狩り場があり、そのための宿屋が、この店のはじまり。田舎料理だった猪鍋を京都風にアレンジした。

白い脂身と赤身のバランスが取れた猪肉を、花が開くように並べれば牡丹の花に見える。雅と鄙の境にある地で生まれた、元祖「牡丹鍋」。京都らしく、濃厚な白味噌をたっぷり張った土鍋で、猪肉をすすいで食べる。そのままでもいいが、添えられたポン酢を付けると、あっさりとした味わいに変わり、いくらでも食べられる。

狩猟が解禁になる十一月半ばから春のお彼岸の頃まで食べられるが、やはり比叡颪が都大路に吹きつける厳寒の候が、一番の食べごろ。応仁の乱勃発地、『上御霊神社』【地図D】にお参りしてから暖簾を潜りたい。

『西山艸堂』の湯豆腐

冬の京都を訪れたなら、一度は食べたいのが湯豆腐。そう願う旅人は多い。だがしかし、その願いを手軽に叶えるのは意外に難しい。

湯豆腐。昆布を敷いた鍋に水を張り、ひと口大に切った豆腐を浮かべ、火を点ける。やがて水は湯に変わり、その温もりに、豆腐がぐらりと揺れたら、ちょうど食べごろ。鍋の真ん中で温めたタレをつけて、熱々を頬張る。

と、それだけの食べ物だから、料理と呼べるかどうか。そんな遠慮からなのか、料理屋では、この鍋にさまざまな具を入れたり、あるいは、湯豆腐の前に造りや天ぷらなどを加え、

「湯豆腐会席」などと称して、品書きに載せることとなる。つまりは有体に言えば、本来の湯豆腐だけではお金が取れないのである。

京都で湯豆腐。二大聖地は南禅寺と嵐山。どちらも立派な庭や設えで客を待ち受けている。どちらの店でも湯豆腐だけを食べることは叶わない。何らかの料理が付いていて、下は三千円、上は六千円辺りまで。湯豆腐は存外高くつくのだ。

『森嘉』

中でおすすめできるのが、嵯峨『天竜寺』塔頭のひとつ、『妙智院《みようちいん》』にある『西山艸堂《せいさんそうどう》』【地図O⑥⑥】。おすすめの理由のひとつがその豆腐。嵯峨釈迦堂前の名店『森嘉《もりか》』【地図O⑥④】の豆腐を使っているからである。

何にでも「京」を付ければ売れるとばかりに、巷に溢れる「京○○」。豆腐などはその典型で、豆腐売り場にはずらりと「京豆腐」が並ぶ。そんな中で、「京」を冠さず、「嵯峨豆腐」として商っているのが『森嘉』。商標にその自信が表れている。『西山艸堂』。庭を眺めながらとなれば、十一時の開店と同時に店に入るのが鉄則。昼どきはかなり混み合う。

寺方らしく胡麻豆腐、ひろうす、小振りの八寸、自然薯揚げと続いて、ようやくお目当ての湯豆腐が出てくる。おすすめの裏技は、湯豆腐前の料理はできるだけ残しておくこと。仲居さんが不審に思って尋ねるだろうが、お目当ての豆腐まで待ちますので、などと言葉を濁せばいい。

さて湯豆腐。大きめの豆腐が三切れ、鍋に浮かんでいる。加熱しながらではないが、間を置かず食べれば熱々の豆腐を味わえる。と、ここで白ご飯が出てくるのだが、これが実に旨いご飯なのである。先の裏技はこのご飯のためにあった。残しておいた料理をおかずにするのである。こうすれば湯豆腐のみならず、抱き合わせと思しき料理も生きてくる。ご飯はいくらでもお代わりできるから、ここを訪ねるときは、朝食を抜いてブランチにするのが正しい。

シンプル極まりない湯豆腐は、作家の琴線を揺すぶるとみえて、作中によく登場する。池波正太郎は冬ではなく梅雨どきが似合うと思ったらしく、『梅雨の湯豆腐』という作品を残している。が、湯豆腐と言って、誰もが思い浮かべるのは久保田万太郎の句だろう。

——湯豆腐や　いのちのはての　うすあかり——

齢を重ねるごとに豆腐を旨く感じるようになってきた。

『松川酒店』のおでん

京都とおでん。似合っているような、似合っていないような。思い浮かべてみても、おでんを名物とする店は出てこない。唯一、祇園切り通しにある有名店は、歌舞伎役者御用達。お金に糸目はつけないという向き以外にはおすすめできない。

その対極にある店が『松川酒店』【地図J㊺】。京都には珍しい角打ちの酒屋である。九州博多辺りが発祥と聞く「角打ち」。角は枡の角を指し、つまりは酒屋の店先で枡酒を飲むことを言う。家まで、店まで待てないほどの酒好きが集う店。当然ながら立ち飲みである。

『松川酒店』

京の台所と言われながら、観光客の立ち食い場となってしまった錦市場。西の入口、高倉通を北へ。ほんの一、二分も歩けば『松川酒店』のにぎわいが目に入る。

冬場にガラスが曇るのは、おでんがあるから、かどうかは定かでない。

長引く不況のせいで増えてきた、俄か立ち飲み店とは一線も二線も画す店。バブル華やかなりし頃でも、この店で魚肉ソーセージ片手に、缶ビールを愉しむ都人は決して少なくなかった。

夕刻五時を過ぎれば、仕事帰りのスーツ姿が次々と店に入ってくる。つい数年前まではまったく見かけることのなかった女性も、臆することなく缶ビールのプルトップを開ける。缶詰や乾きもので飲むのもいいが、店の奥にはおでんコーナーがあり、ここなら椅子に座ってゆっくり飲める。売り切れ終いなので、おでん目当てなら早めに店に入りたい。

どんな謂れがあり、どういう出汁を使っているかなど、誰も訊かない。こだわりとは一番遠いところにある、こんな店が京都にあるというだけで訪ねる価値がある。ほとんどの客は地元人なので、裏情報を仕入れるにも格好の店。

おでんが切れたら、おもむろに棚から魚肉ソーセージを取り出し、ビニール包装を解く。まるでそれが煙草でもあるかのように、隣に立つ老紳士にすすめる。

「一本いかがですか?」

『十二段家本店』の「しゃぶしゃぶコース」

酒も煙草もやらず、ましてやギャンブルなど縁遠く、慎ましい暮らし向きだった祖父のただひとつの贅沢が、旅と食だったから血は争えない。

今僕が書き綴っている旅や食の多くは、祖父に倣ったものである。

好物は牛肉。分けても四条花見小路近くの『十《じゅう》二《に》段《だん》家《や》本店』【地図Ｈ㊷】は、大のお気に入りだった。子どもには贅沢が過ぎる、そう言いながらも、折に触れ、この店に連れていってくれた。

祖父の趣味は、民藝と白樺派。どちらも趣味の域を越えて、暮らしの一部になっていた。

この『十二段家本店』の当時の主人は、その「民藝」仲間だった。

花見小路から、細い路地に入り、細かな格子窓が続く家の小さな入口には《ＪＵＮＩＤＡＮ－ＹＡ》と、ローマ字の看板がかかっていた。当時から外国人客も多かったのだろう。店に入ると綺麗な白髪の主人が、ようこそと祖父と握手をし、小学生の僕をきまってハグして迎えてくれた。

『十二段家本店』

　たいていは二階の座敷だった。黒光りする階段を上がる頃から「民藝」がはじまる。河井《かわい》寛次郎《かんじろう》、棟方志功、バーナード・リーチらの作品が所狭しと並ぶ。これらは我が家でもよく見かけたものだったので、小生意気にも小学生が、白磁だとか呉須《ごす》の色がどうだとか評していた。それを聞いて、大人たちが声を上げて笑っていたのを思い出す。代が変わっても、店に流れる空気は何ら変わらない。

古伊万里蕨手唐草の大皿に、趣向を凝らした前菜が人数分盛られる。まずはこれが楽しみだった。骨付きの手羽先や、鰻のかば焼きなども並んでいたように記憶する。これらを銘々に取り分け、味わった頃合いを見計らって、銅の鍋が運ばれてき、テーブルに設えられたコンロに嵌《は》められる。

肉はもちろん霜降り。鍋の湯を潜らせ、胡麻だれをたっぷり塗《まぶ》して食べる。贅沢の極みである。ここで祖母が店の主人から教わった胡麻だれは、今も我が家のレシピであり、それはどんな店の胡麻だれよりもはるかに旨い。もっともそれは、記憶に刻まれた情緒のせいでもあるのだろうが。

前菜が七品と、極上の肉が百七十グラム付いたフルコースが一万六千八百円。店の設え、日本の元祖しゃぶしゃぶ店という風格を考えれば、決して高価とは言えない。手軽に味わうなら花見小路に面した分店がおすすめ。三分の一程度の価格で、同じ味わいのしゃぶしゃぶを愉しめる。

『お食事処　安さん』の「ホルモン鍋」

牛肉好きの京都人。もちろん霜降り肉ばかりを食べているわけではない。高級しゃぶしゃぶから一転、庶民の味方「ホルモン鍋」も、あちこちの店で食べられる。中で、一番のおすすめとなれば、三条京阪の裏手にある『お食事処　安《やっ》さん』【地図H㊴】のそれ。

三条大橋の東、川端通沿いに南に下る。ひとつ目の信号を東に入り、若松通をしばらく行くと、やがて『安さん』の暖簾が見えてくる。

『安さん』の「ホルモン焼き」

いたって気楽な居酒屋だ。まずは飲み物。ビール大瓶が五百円、日本酒「名誉冠」が二百五十円と、極めてリーズナブルな値段だ。アテに絶好なのが「ミノフライ」。焼肉で食べるあのミノのフライ。これがしかし絶妙に旨い。ビールには格好のアテ。鍋前には、まだまだ豊富な品書きがあって、黒板メニューを見ているとつい誘惑に駆られるが、ここは鍋を前に控えておきたい。

店のメニューには「ホルモン焼き」とあるが、野菜と一緒にぐつぐつ煮込むので、鍋というほうがふさわしい気がする。

常連と思しき客は、「赤セン、テッチャン、心臓……」などと単品で注文しているが、僕はたいていミックス五百円。

玉ねぎと葱を浅鍋に入れ、たれと一緒にしばらく煮込む。ぐつぐつと煮立ってきたら、ホルモンを投入。じっくり味の染みたところで、野菜と一緒に口に入れる。まったくクセのない味は万人に向く。二人前は軽い。肉を食べ尽くしたら、豆腐を入れ、〆はうどん。満腹、満足の「ホルモン鍋」。これもまた京都の味わいである。

3. 冬のあったか料理

『丸太町東洋亭』の「ビーフシチュー」

洋食とフレンチの狭間、そんな位置づけだろうか。河原町丸太町の東北角の近く、三角屋根の洋館は、京都人憧れの店として長く君臨し続けてきた。

今はなき母校『春日小学校』の真向かいにあり、長い歴史をともにしてきたこの店は、今も石炭ストーブで料理を煮込む。

上質の牛肉を、じっくりと煮込めばこういう味になるだろう。そんな想像通りの味わいが嬉しい。奇をてらうことなく、正しい味を守り伝える。こんな店があるからこそ、京都は京都であり続けることができるのだ。

歩いて五分とかからないご近所さんの店なのに、『丸太町東洋亭』【地図F⑧】で食事をとなると、ホームスパンのネクタイを締め、ツイードのジャケットを着込むのが祖父の習いだった。その料理に敬意を表してのことだったのだろうと、今になって気づいた。

フレンチほどには気取らないが、街の洋食屋と比べると、背筋の伸ばし方が異なる。

『丸太町東洋亭』の「ビーフシチュー」

長い歴史を紡いできた京都の常として、その屋号が重なり、あるいは分かれることがある。この店も例に違わず、同じような名前の店があり、多店舗展開をし、観光客の人気を集めている。どちらを好むかは人それぞれだろうが、僕の想いの中では、『東洋亭』といえば、唯一この河原町丸太町の店だけである。

冬の一日。『京都御所』、もしくは鴨川を散策して、寒さに身を凍えさせたなら、迷わずこの店の扉を開こう。そこには、正しい京都の肉料理が待ち構えているに違いない。

『大黒屋』の「ねぎ蕎麦」

今ほどに蕎麦が騒がれていない頃から、京都では珍しく、うどんより蕎麦を名物としてきたのが『大黒屋本店』【地図I㊺】。河原町通と木屋町通の間、三条と四条の中ほどにある店は大正五年の創業というから、間もなく百年を迎える。

ベンガラ色の壁、古式ゆかしい看板が客を迎える。店に入ってすぐ、大きな水車が目に入る。水車で石臼を回し、蕎麦を碾《ひ》いた古を思い起こさせる設えに、今どきの小難しい蕎麦屋と一線を画す意気込みを見る。

元来蕎麦は、江戸の職人たちが、さらりと手繰る、気軽な食べ物であった。あるいは、土壌が貧しく、作物の育ちが弱い土地でも収穫できる貴重な食材として、鄙の地でも親しまれてきた。さらには、信州戸隠《とがくし》が代表するように、精進の一環として寺方でも重宝されてきた。

蕎麦でも食べるか、となるはずが、神妙な面持ちで「こだわり」を味わうことを強いられる店が、京の街そこいら中に増えてきた。『大黒屋』の暖簾を潜ると、ホッとひと息つける所以である。

ざる蕎麦、天ぷら蕎麦、通年メニューも旨いが、季節ごとの変わり蕎麦がいい。

冬は鷹ヶ峰の辛味大根を使った「おろし蕎麦」、合鴨と白ねぎの載った「鴨なんばん」と、九条ねぎがたっぷりと入った「ねぎ蕎麦」が三本柱。期間限定なので、所望される向きは、必ず問い合わせてから出かけたい。

僕のイチオシは「ねぎ蕎麦」。一月半ばから雛祭りの頃まで。ねぎの旨さを堪能できる。親指ほどの太く長い九条ねぎがたっぷり、真蒸《しんじょ》を枕にして蕎麦の上に載る。京都ならではの昆布の効いた出汁が絡み、蕎麦との相性もぴたりとはまる。ねぎの中から、透き通ったぬめりが、ぬるりと出汁に溶け出す。

都の冬に欠かせない九条ねぎ。この蕎麦に使われるのは、通称「黒」と呼ばれる、色の濃い極太品種のみ。世にはびこる「九条ねぎもどき」は裸足で逃げ出す。本物の味わいはここにある。

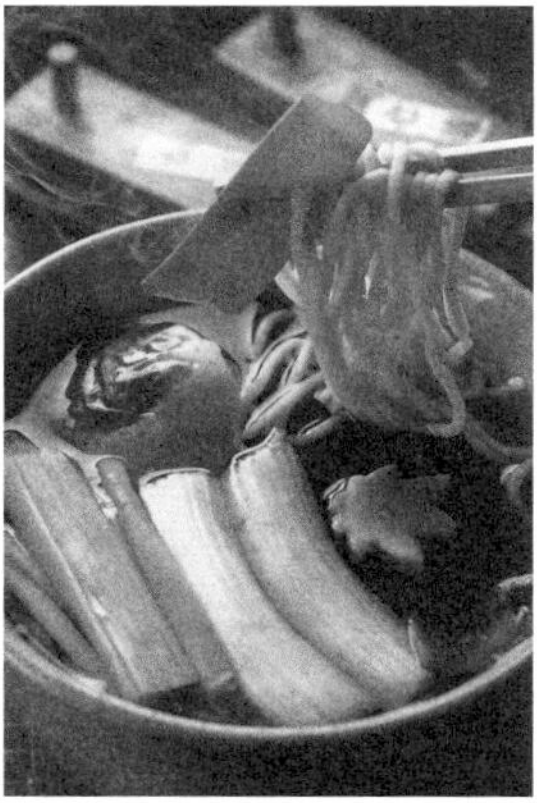
「ねぎ蕎麦」

『山利』の白味噌

食の中で、もっとも地方色豊かなのがお雑煮。出汁もさまざまなら、中に入れる具も、地方によってまったく異なる。

京のお雑煮は大きく分けて二種類。一つは焼いた角餅とかしわを入れた澄まし雑煮、もう一つは丸餅と海老芋、あるいはカシラ芋を入れた白味噌雑煮。京都らしいのはこちらのほう。

どろりと濃厚な雑煮はとろりと甘く多くの子どもは苦手としている。それは芋のせいでもあるが、甘味の過ぎる白味噌ゆえのことでもあった。

『山利』

『山利《やまり》』【地図I㉝】の白味噌なら、さらりと爽やかな後口。これなら子どもも喜んで食べる。生きた味噌なので日持ちはせず、都度買い求める必要がある。

京都五花街のひとつ、宮川町の一角。五条通から新宮川町通を上ったところにある店。かつては卸のみで小売りはしなかったが、近年はその評判を聞きつけた客の声に応え、取り寄せもできるようになった。もしくは錦市場の『麩嘉』【地図J㊱】でも置いている。

むろん、雑煮だけに限るものではない。普段の味噌汁としても味わいよく、ちょっと変わった味覚に、冷やし汁がある。言うなれば和風ヴィシソワーズ。夏なら枝豆、冬場には蟹身を入れてきりりと冷やせば、乙な味わい。和辛子を添えれば一層風味が増す。うんと暖房を利かせた部屋で。

『松葉　京都駅店』の「にしんそば」

東ではほとんど見かけないが、京都ではたいていの蕎麦屋にある品書き、それがにしん蕎麦。にしんの棒煮を丸ごと蕎麦に載せる、京名物のひとつである。だが、よくよく考えてみると、にしんは京都で獲れるわけはなく、なぜそれが京名物になったのか。その答えは北前《きたまえ》船《ぶね》にある。

京都からはるか北。北海道小樽には今もその名残りをとどめる「鰊御殿《にしんごてん》」が、海を見下ろすように建っている。かつてその海には鰊が群れをなして泳ぎ、豊漁に沸いていたという。今のように流通も、保存技術も発達していなかった当時は、多くがみがき鰊にされ、北前船に載せられて、はるばる関西まで辿り着いたというわけだ。そのルートは大きくふたつ。ひとつは日本海敦賀《つるが》から、琵琶湖を経て京の都へ。もうひとつはぐるりと海を回り、瀬戸内を経て大坂から京都へ。いずれにしても、

『松葉』の「にしんそば」

道産昆布とともに京都へと運ばれた。鯖《さば》街道ならぬ、鰊街道である。

乾物を戻すにも、昆布の出汁をひくのにも、京の軟水は格好の存在。京都らしい味わいに煮つけた鰊と、昆布出汁を効かせたつゆで、見事、京名物のにしん蕎麦ができあがった。考案したのは、南座横に店を構える『松葉』の二代目主人。頃は明治十五年だったと伝わる。

甘辛く、軟らかく煮込まれた鰊の身が、ほろほろと崩れ、蕎麦に絡まるは格別の味わい。通年食べることができるものの、やはり底冷えの冬にこそその味わいは深みを増す。

本店でもいいのだが、帰途に就く「京都」駅で、旅の名残りを惜しみながら手繰るのも捨て難い。改札を通って、コンコースの中に店【地図L㊸】があるので、列車の時間待ちにも利用できる。鰊と蕎麦、そして出汁。三位一体となった一杯が千百円で食べられるのも嬉しい。京都のエキナカもなかなかの充実度だ。


『平野家本家』の「いもぼう」


冬の京都と言って、もっともふさわしい食は、この「いもぼう」ではなかろうか。「いもぼう」と言ってしかし、京都以外の方には、どんな食べ物かお分かりにならないことだろう。

「いもぼう」は「いも」と「ぼう」、海老芋と棒鱈を炊き合わせた料理のことである。

京都の冬を代表する名物食だが、先のにしん蕎麦と同じく、海老芋も棒鱈も、京都名産というわけではない。海老芋は南九州産、棒鱈は北海道産。このふたつが京都で出会って、ひとつの料理となった。これをして〈出会いもん〉と呼ぶ。

『平野家本家』

時は元禄《げんろく》。御所に仕える平野権太夫《ごんだゆう》は、九州行幸のお供をし、唐芋《とうのいも》を持ち帰った。その芋を今の円山公園辺りで栽培したところ、地の味が合ったのか、大層よく育ったという。

一方で、北の国から届いた棒鱈を、時間をかけて戻し、京都の水と出汁を煮含めた料理は、京の町衆に人気を呼んでいた。しかし決して安価でなかったそれだけを食べるには、如何せんボリューム不足。加えて栄養も偏る。取り合わせる相方を探していたところに、この海老芋。合わせてみると、まさかの相性を見せた。

アクの強い棒鱈は、そのアクを海老芋に吸収させ、それは海老芋に欠けていたコクを加えることとなった。互いの足らない部分を補い合い、長所を引き立て合う。まるで夫婦のような出会いから、これを「夫婦炊き」と呼ぶに至った。

改めて「いもぼう」を眺めてみる。

こっくり、むっくりと煮上がった海老芋。じんわり、ねっとりと味の染み込んだ棒鱈。どちらが夫でどっちが妻か。だがそのふたつの間に横たわる、黄色い刻み柚子が目に留まる。夫婦の鎹《かすがい》同様、〈いも〉と〈ぼう〉を繋ぐ柚子。出会いものには欠かせない。

長い歴史を刻む都では、そこかしこで見かける本家と元祖の競い合い。帆布屋と同じく、都人はどちらかに肩入れする。祖父の時代から我が家はこの店にエールを送り続けている。

今どきのブロガーやフードライターさんたちが見向きもしない、こういう地味な料理こそが、本物の「京料理」なのだが、こんな料理を紹介しても「メシの種」にはならないのだろう。「うまうま」だとか「すごい」などと表現されるような料理とはほど遠い。『平野家本家』【地図H㊸】の「いもぼう」を食べずに「京料理」を語るのは、トルストイを読まずして、ロシア文学を語るようなものである。

『祇園おかる』の「のっぺいうどん」

京都のうどん。それは総じてコシの弱い、ふにゃり、むにゅり、とした歯応えである。

人気全盛の讃岐うどんなどを食べなれた舌には、いささか頼りなげに感じることだろう。

京都と同じ関西にあっても、大阪のそれは、また少し趣きが違う。大阪船場《せんば》にあって、「きつねうどん」発祥と言われる『松葉屋本舗』のうどんなどは、軟かさは同じでも、京都に比べて丸みを帯びている。

「のっぺいうどん」

『祇園おかる』【地図I㊻】。京都のうどん、主役はあくまで出汁。旨みのしっかり乗った出汁に、ちょうどいい按配で絡むうどんは脇役と考えたほうがいい。とは言え、この麺はするりと舌に馴染み、噛みしめると、一瞬コシを感じるのだ。少しばかり角のある軟かさ。

この麺にぴったり合うのが餡かけ。かまぼこ、甘く煮つけた椎茸と油揚げ、青菜。そしてどろりとかかる餡に欠かせないのがおろし生姜。これがすべての味をまとめ切る。餡を絡めたうどんをすする。蕎麦は手繰るが、うどんはすするのである。生姜がピリッと効く。しみじみと旨い出汁は最後の一滴まで飲み切る。

祇園という土地柄、時折り芸妓、舞妓の姿を見かけるが、たまたま出くわした客が遠慮会釈なしにカメラのレンズや携帯を向けるのは、まことにもって困った風潮だ。店であっても、街中であっても、舞妓、芸妓の写真を撮りたければ、必ず事前に断って、周囲の迷惑にもならないよう気を配ってからにしたいもの。こんなところにも、観光客誘致の、質より量方針の弊害が表れている。

『辨慶東山店』の「辨慶うどん」

かつて、五条大橋の東たもとに屋台のうどん屋があって、その名を『辨慶《べんけい》』といった。ラーメンの屋台なら珍しくもないが、うどんの屋台は滅多にない。出汁の旨さや具のスジ肉に魅かれて、祇園で飲んだ後に、鴨川をぶらぶら歩いて腹ごなしをし、屋台うどんに舌鼓を打ったことも数知れず。

交通事情や警備上の問題からなのか、京都の街から屋台が次々と消えていった。

僕はこの屋台という装置が大好きなので、博多や呉《くれ》、高知など、屋台が健在な街を訪れると、何をおいても屋台へ足を運び、かつての京都の屋台を懐かしむ。

もっとも足しげく通ったのは、河原町今出川の北、『妙音《みようおん》弁財天』の前辺り。何軒もの屋台が並び、多くはラーメンだったが、夜半にもなると多くの客が群がり、物好きにもタクシーを待たせてラーメンを啜る客も少なくなかった。

さて今に戻って『辨慶東山店』【地図I㊹】。場所は屋台時代とほとんど変わらず。幾分、東に動いたか。

屋台ではなく、屋根も壁もある、普通の店である。かけうどん五百二十円から、天ぷらうどん六百八十円まで、頃合いの値段で麺類メニューが並ぶ。中で珍しいのは「ソッパうどん」七百円。ソッパはスジ肉入りのことで、この辺りに屋台当時の名残りを留めている。

『辨慶』

僕の気に入りは、その名もズバリの「辨慶うどん」。甘辛い味が染みた牛スジと油揚げ、きんぴらの具に、もっちりした京都風のうどんが絶妙の相性を見せる。

夜中の三時まで開いているので、飲んだ後の〆にもいいが、ランチタイムの営業もあるので、昼下がりのうどんも悪くない。

大阪でもなく、ましてや讃岐でもない、京都のうどんといえば、こんな味だ。

4. 京の居酒屋

『赤垣屋』


「川端二条下る、東側」。夕暮れを過ぎてタクシーに乗り込み、そう行先を告げると、

『赤垣屋《あかがきや》』はんでっか? よろしいなぁ」

ルームミラーでこちらを、ちらっと見て運転手が言葉を返す。

全国居酒屋ファン垂涎の店と言ってもいい、『赤垣屋』【地図F⑲】は、京都きっての名居酒屋である。

この店のどこが、どう〈名〉なのか、縄暖簾を潜ってすぐ、それが分かる。

僕にとって、名居酒屋と呼べる条件の第一が〈灯り〉。決して明る過ぎてはいけないが、暗過ぎて、何を食べているのか分からないのもよろしくない。若いカップルなら、距離が近づいていいのだろうが、ひとり客が並ぶカウンターが、あまりに暗いと陰気臭くなる。

名居酒屋の条件、その二は〈客筋〉。

高歌放吟《こうかほうぎん》は論外として、陰々滅々として徳利を傾ける姿が並ぶのも、それはそれで興を削

ぐ。

店を入って左手に延びる、L字型のカウンターに並ぶ背中を見れば、〈客筋〉のよさが見てとれる。

条件その三は〈適度な乱雑さ〉。割烹のように端整なのも居心地がよくないが、あまりに乱雑だと不潔感が出てくる。基本は、客前は整然、厨房内は乱雑。

条件その四は〈品揃え〉。できるだけメニューは豊富なのが望ましいが、問題はその中身。割烹並みのものもあれば、居酒屋ならではの気安い品書きもある。そこから好き勝手に選ぶのが醍醐味。むろん、上質な食材、適度に洗練された味付けは必須。

条件その五は〈適度な接客〉。チェーン居酒屋のように、一品頼むごとに復唱され、礼を言われても困るが、かと言って、返事もなく、注文が通ったのか通ってないのかが分からないほどに無愛想でもよくない。

最後の条件は〈値段〉。激安などは望んでもいないが、居酒屋とは思えぬ勘定書きを突きつけられると、いっぺんに酔いが醒める。しっかり食べて、そこそこ飲んで五千円辺り、というのがこの店の常。まことにもって、ほどがよろしい。

魚も旨いし、おでんも心の底をも温めてくれる。何より酒の燗つけが実にいい按配だ。

京都で居酒屋。冬ならではの愉しみではなかろうか。

『よしみ』

居酒屋をもう一軒。この店は実は、恥ずかしながら、他県の方に教わった。旨いワインのない居酒屋には足が向かない、と言ったのを、とっておきの旨いものがあるからと誘われて、不承不承といった風に出かけていって、その旨さに舌を巻いたのが『よしみ』なる居酒屋。そして僕を虜にしたメニューは、「くじらの竜田揚げ」である。

僕はこの「くじらの竜田揚げ」には、ただならぬ思い入れがある。

学校給食に「くじらの竜田揚げ」が出たときのこと。

硬いだの、臭いだの、不味いだのと級友には悪評ふんぷんだったが、僕には好ましく思えた。それはきっと我が家の定番おかず、牛肉の竜田揚げを食べ慣れていたからだろうと振り返る。

ひと口大に切った、硬い牛もも肉に包丁目を入れ、醤油、酒、味醂《みりん》、おろし生姜を混ぜたタレに小一時間漬け込む。赤玉ポートワインを隠し味に使うのがポイントだと祖母は自慢していた。竜田はもみじのことだと教わった。もみじは鹿肉の別称だから、元は鹿肉だったたかもしれない、そうも言っていた。

今も我が家では食卓に上る牛肉の竜田揚げだが、時折り、無性にくじらのそれが食べたくなる。先般、高知を訪れたときは、たいていの居酒屋にこのメニューが載っているのを見てうらやましく思った。それほど、京都の店では滅多に見かけない。

三条大橋近くに店を構える『よしみ』【地図F㉙】。『赤垣屋』と同じ、本格的な縄暖簾であることが嬉しい。

『よしみ』

暖簾を潜って迎えてくれるのは、段ボール箱を従えてにっこり微笑む布袋さん。適度な乱雑さがいい。コの字型のカウンターに座って、メニューの多さに、まずはにんまり。箸立ての割り箸も居酒屋らしい雰囲気を醸し出す。

「くじらの竜田揚げ」七百円也は、懐かしくも旨かった。名物のおでんとあわせてお腹がいっぱいになった。お好み焼や、焼きそばもメニューにあり、これが心残りとなったが、再訪を期しながら果たせていない。

二．京の食店最新事情

〈食〉の二極化

〈食〉の二極化が進んでいる。祇園を中心にして、京都では相変わらずの出店ラッシュが続いている。夏、秋と京都の店事情を書いてきたが、さらにその流れは加速しているようだ。最近の傾向として、和食のみに留まらず、イタリアンやフレンチまでもが、関西近郊から京都の中心地へと店を移してきている。

鄙の地から京都へ移ってくるとなれば、固定費は上がる。地元ファンを捨てねばならない。そんなリスクをものともせずに、京都へ出店するのは、成算アリと見越したからだろう。

東京という世界に冠たる都市を除けば、京都ほど〈食〉が注目を浴びる都市は他にない。どんな〈食〉があるのか、どんな店ができたのか、絶えず耳目を集めている。分けても「京都の食情報」を生業にしている人々は、目を皿のようにして新店を探し、いち早く書き立てることを手柄としている。

出店する側としては、鄙の地で地味な商いを続けてきて、京都の店だけが注目されるのを横目で見続けることに我慢ができなくなったのだろう。

意を決して京都の街中で店を開けば、思惑通り。三月と経たないうちに食ブロガーの目に留まり、賞賛の嵐がはじまる。

固定費の上昇分など補って余りあるほどに、価格もアップする。それでも客は集まる。平日のランチを休む余裕も生まれる。思い切って京都に出てきてよかった。

かくしてすべての店は京都を目指す……。京都〈食〉の値段は日々高騰していく。不況風どこ吹くものぞ、とばかり、京都の和食は高止まりしている。

一方で、こと京都に限ったことではないのだが、内食もまたブームと化している。

家できちんと料理をして食べようというのなら、何も文句をつける話でもないのだが、料理とはとても呼べないような、即席食が持て囃されるのだから、困ったものだ。

レシピなどという言葉が虚しく聞こえるものを集めた「料理本」が売れている。

「混ぜるだけ」「詰めるだけ」「あっという間にできる」。そんな文字がタイトルに躍る。そんなものを、本に教わらねばならないのも情けない。

ちゃんとした料理を家で作ろうと思えば、それなりの手間もかかり手順も簡単なものではない。しかし自称「京料理研究家」が、たった二時間で「京都のおせち」を教える料理教室が開かれるのだという。何をか言わんやだ。真っ当な京都の家で育った者なら、おせち造りがどれほど大変な作業なのかが分かるはずだ。

外食は高価を目指し、内食は軽薄なお手軽を志向する。近頃の日本は極端に偏る傾向があると言われるが、それは「京都の食」も同じだ。

「京・祇園」が軽くなる

食のみに留まらず、「京」が日々軽くなっていく。軽々しく「京」の一文字がビジネスベースで使われるのを、多くの都人は眉をひそめながら横目で見ている。分けても「京料理」の乱発は目を覆うばかりの惨状。

軽くなっていく先陣を切ったのは「祇園」。

つい四半世紀前、僕が学生だった頃まで、祇園には暗黙の決まりごとがあった。それは金額の多寡を問わず、それぞれの生きとし生き方に応じた店があるということ。その領域を守ることが当たり前であり、誰もが分をわきまえ、棲み分けていた。

いくらその店の料金が身の丈に合ったとしても、若造が足を踏み入れるのを憚られる店というのがあった。それは当然のようにして結界となっていた。場数を踏み、少しは人生の先達と通じ合うことができると思える日まで、その扉は封印されたものだった。

だからこそ、いつの時代でも「祇園」は憧れの場であり、京都に生きる者にとって、大げさに言えば人生の目標でもあった。

客でさえそんなだったから、祇園で店を持つ、ということは、並外れた技量と、それなりの財を持つものでなければ叶うものではなかった。

それも今は昔。東京資本の大手外食産業の店、地方から移転してきた店など、次々と新店が暖簾をあげはじめたが、もっとも目につくのは、名店と呼ばれる料亭や割烹で数年ほどの修業を積み、三十代前半で独立を果たした主人の店。

「十年やそこらは、修業て言いまへん。いろんなことを覚えるだけで十年くらいはすぐに過ぎます。修業やと言えるのは、それからなんです。四十歳までに味を覚える、それからやっと料理人の仕事をするようになるもんですわ」

京都を代表する割烹店『千花《ちはな》』【地図Ⅰ㊷】の先代主人、故永田基男さんを取材した折、強烈な印象を持って耳に残っている言葉だ。

覚えることと修業は違うのだ、そう仰っていた。

修業はおろか、覚える間もなく独立して、祇園に開いた店。立派な店構えは老舗の風格さえ漂わせ、驚くほど高価で希少な器を、当然のようにして使う。おまかせコースは一万円台半ば。

祇園に新しくできた割烹店、それだけでマスメディアの耳目が集まり、こぞって賛美の言葉を連ねる。瞬く間に予約の取りづらい店として、評判を呼ぶ。

京都、分けても祇園という土地は、熟成の街である。長く時間をかけて、人々が造り上げてきた街なのである。まるでインスタント食品のようにして生まれた店と、祇園という土地がどうしても重ならない。京言葉で言えば、〈つろく〉しないのだ。

天神市の包丁

今や、京都でもっとも予約の取りづらい店として知られる名店の、開店当時のエピソードに「天神市の包丁」がある。

四十五歳にして、ようやく館からの独立を果たし、店の造作もほぼ完成。後は開店の日を待つばかりとなったある日。調理道具を改めていて、ふと包丁がないことに気づいた。いくつもの道具は買い揃えたが、包丁は、自分が使っていたものを、館から持ち出せるものと思い込んでいて、求めなかったことを思い出した。

しかし店の造作や器などに、用意した資金はすでに使い果たした後。錦市場にある調理用具の名店で値札を見て、ため息を吐いた。

包丁なくして料理店は成り立つはずもなく、途方に暮れながら家路に就こうとして、その日が天神市の開かれる日だと気づいた。

ダメもとで『北野天満宮』へ足を運び、ずらりと並ぶ古道具店を片っ端から見て歩いた。と、ちょうど中ほどの店で、包丁セットが目に入った。

新品同様で、しかもプロ仕様の包丁は、それなりの値札が付いていたが、事情を話すと、意気に感じた店主は、格安でその包丁セットを譲った。

そんな苦労を乗り越えて開いた店だったが、オープンして半年ほどは閑古鳥が鳴く日も少なくなかったという。時流に合わない料理なのだろうかと、方針変更まで考えはじめた頃になって、ようやくマスメディアの目に留まり、客も付きはじめた。

修業を積んだ料理人が、独立を果たし店を開くというのは、こういうことを言う。ならばこそ、年々その人気が高まり、十三年を経て、京都を代表する名店の仲間入りを果たすに至ったのである。

名割烹の器

あるいは『京ぎをん浜作本店』【地図H㊹】。今の割烹スタイルはこの店からはじまったという、歴史ある名店だが、三代目主人が好んで使う器に、民藝作家、河井寛次郎の四方鉢がある。

民藝派らしく、力強いどっしりと厚みのある角鉢だが、その一部が欠けたとみえて、金継ぎが施してある。

川端康成、谷崎潤一郎、白洲次郎など、錚々《そうそう》たる面々が通い詰めた店。わざわざ瑕疵《かし》のある器を使わずとも、他にいくらも器があるだろうに。

正直なところ、初めて見たときにはそう思った。それはきっと、縁あって我が家に河井の器が溢れていたからだろうと、振り返ってみてそう思っている。

さてその器に、料理が盛られはじめた。堂々たる伊勢海老の具足煮である。

殻を下にし、海老の頭が器からはみ出るようで、ぎりぎりで納まる。殻に身を盛り、刻んだ柚子を飾って、カウンターに置かれた瞬間、雷に打たれたような衝撃が僕の身体を走った。

この料理にはこの器しかない。主人の目がそう語っていた。色合い、大きさ、質感、何よりその器の持つ力。華やかながら、侍の居合《いあい》にも似た力強い料理を受け留めるには、この器をおいて他にない、主人はそう確信したのだろうと気づいた。だが決してこの店の主人は器自慢などしない。問われれば答えるという姿勢だ。

そしてまた、金継ぎが見事な景色となって、雅味を加えているのだ。さらにはこの器の作者、河井寛次郎と、川端康成、そして先代主人との間には、器を通して、いくつものエピソードが残されている。なればこその器なのである。多くを語らずとも、そんな逸話が器と料理の桟《かけはし》となって、味わいを深めるのだ。縁もゆかりもない物故作家の器を、ブランド品のように使って、何を伝えようと言うのだろうか。

ダブルスープだの、全卵無加水麺だのと騒ぎたてるラーメンブームと、どこか通底している。そう思えば目くじらを立てるのも、バカバカしい。

『京ぎをん浜作本店』。昭和二年の創業以来、三代の料理人が、名だたる客を相手にし、真っ向から向きあってきた。先に挙げた三人だけを見ても、ただただ褒めちぎっていたとは思えない。時に厳しい言葉も向けられただろうし、我儘《わがまま》な注文を出しただろうことは想像に難くない。

八十有余年の歴史を重ねてきた店だからこその器遣いである。器と料理とは、こうしてその相性を見せていく。料理すら定まらない内に、買い揃えた器、どれほどの意味があるだろうか。料理がどう添っていくだろうか。

さて、「天神市の包丁」の頃、十三年前と比べて、格段に事情が変わったのは「情報」だ。

ネット情報の功罪

今の時代に隆盛を誇り、十三年前になかったものと言えば、ネット情報。巷にあふれるグルメブロガーの食情報は、膨大な量だ。その功罪は相半ばだとして、何より怖いのは信じ込むこと。

ネット上で飛び交う情報を信じ込むと、とんでもない勘違いをしてしまうのは、お隣の赤い国で実証済み。我が国の領土を危うくするほどの、赤い偏向ブロガーの過熱ぶりは記憶に新しい。

一方的な偏り、そしてそれに伴う強圧的な姿勢。ネットはそんな危うさを孕《はら》んでいる。そう言えば、かの赤いガイドブックも、辞退を申し出ても、強引に掲載する。一方的な思い込みで、星の数を決める。どうやら〈赤〉は、偏向と強圧の印なのかもしれない。

贔屓の割烹店で食事をしていて、興味深い話題となった。以前にも増して、若い人たちが、昔に比べてはるかに厳しさの薄れた修業すら耐え切れず、簡単に棒を折ってしまうのには、こういうことも一因になっているのでは、と話が一致した。

かつては当たり前だった鉄拳制裁などもなく、穏やかな説諭《せつゆ》にもかかわらず、苦言を呈することが三度重なれば、ぷいと横を向いて出ていってしまうのだそうだ。

「こんな面倒な修業なんかしなくても、独立して、店を開けば応援してくれる人はたくさんいる。同期のアイツだって、予約の取れない人気店になったのだから」

かくして、修業をまっとうすることすらできなかった若い衆が、パトロンを見つけて店を開く。パトロンは知己の骨董商に頼み込んで、出世払いを条件に名陶を揃える。

骨董商は地元の名士推薦の店として、件の料理店を雑誌の京都特集で紹介する。ブロガーやフードライターが追従して、あっという間に「名店」の仲間入りを果たす。そんな底上げ店でも、彼の赤いガイドブックには格好の話題を提供してくれるから、あだやおろそかには扱えない。星のひとつやふたつ……。

酒席のネタとして、しばらくは話題になるのだろうが、そのことと、店選びの基準とはまったく別物であるということだけは、心に留め置いてほしい。

「京都入門」に怒る

京都の店を格付けするのは赤いガイドブックだけかと思いきや、近頃出版された男性誌は、さらにおろかな記事を掲載していた。

金閣寺をバックに、「京都入門」というタイトルからして、すでに京都人から見れば、おこがましいが、この中に「京都美味検定」なるコーナーがあり、そこには「厳選された食30軒」なるものが級別に分類されて掲載されている。

いつも僕がおすすめしている店、そうでない店、織り交ぜてあるのだが、呆れたのはその級分け。なんのことはない、値段の安いものは初級、高いものは上級と分けてあるのだ。こんな程度のことで、「入門」だとか「検定」だとか、薄っぺらい言葉遊びをする雑誌がまだ存在していることに憤りを感じる。

『出町ふたば』の豆餅を食べているのは初級で、老舗のすっぽん料理を食べれば上級。読者をバカにするにも程がある。こんな記事を載せておいて、よくぞまぁ、「京都入門」などと大見得を切ったもんだ。

この雑誌には前科があって、先に「天神市の包丁」のエピソードを紹介した店で、取材中に主人を激怒させたことがある。

最近ではそうでもないようだが、この雑誌は料理写真を必ず俯瞰で撮っていた。フレンチならともかくも、和食を真俯瞰で撮ること自体が不適切なのだが、あろうことかこの雑誌の取材で訪れたカメラマンは、できあがった料理を地べたに置いて撮影しようとしたという。手塩にかけて作り上げた料理を地べたに置くとは、何たることか、と怒り心頭に発した主人は、即刻取材中止を宣した。当然のことである。

物の道理も分からぬ輩が、京都入門記事など作れるはずがない。京都もなめられたものだ。どうも近頃は雑誌に限らず、京都にまつわる単行本も節操がなくなってきたように感じる。これだけたくさんの京都本が出れば、種切れになり、粗製乱造も致し方ないのだろうが、矜持を持たないとなると、京都という地にふさわしくないのではないだろうか。

ある出版社が《京都〇〇の値段》というシリーズを出している。臆面もなく、というのは、こういうことなのだろう。二〇〇三年だから、今から七年前になるのか、僕は『京都の値段』という単行本を出した。すぐに続編も出たくらいだから、当時としてはよく売れたほうだったと思う。

七年前といえば、まだ、これほどに京都本も出版されておらず、ある意味で、各出版社は手探りの状態だった。京都という街は、そこに住む京都人も含めて、一筋縄ではいかないところで、したがって、どういう切り口ができるのか、多くが悩んでいた。

一見さんおことわり、お茶屋遊び、祇園といった言葉が一人歩きをしていた当時、京都で「値段」というのは、一種のタブーであった。京都の店や品物を、値段で云々するというのは、京都人からは下品に思われるだろう、そんな頃である。きっと物議を醸すことを承知で、インパクトを狙って付けたタイトルである。

「京都の値段」というのは、その当時だから価値があるのであって、今更そんなタイトルを真似なくてもと思うのだが。

別段、真似てもらってもいいのだが、内容だけはきちんと書いてほしい。

〈食〉のコラムがあって、その中に「京都人のウチご飯のキーワード」というのが列挙してあった。あろうことか、そこに「時短」と書いてあるのだ。いくら「時短」ブームだからといって、勝手に「京都人のウチご飯」のキーワードとして使ってもらっては困る。京都のウチご飯というものは、古くから「時短」とはもっとも縁遠い存在なのだから。

買ってきた惣菜で済ませることもある、そうも書いてあった。たしかに今の時代なら、京都の家でもそういう場面は少なくないだろう。が、それが「京都のウチご飯」のキーワードにどう繋がるのか。

自分の勝手な思い込みで、京都人のことを訳知り顔で語る。最近やたら目につく風潮だ。論ずるのは自由だが、間違った決めつけは看過できない。

そもそも、近頃は本当に足で取材をしない。ネット社会の弊害でもあるのだが、ほとんどが請け売り、コピペである。京都に長く暮らしているものが読めば、いとも簡単に見破ることができる。

こういうコラムを書くのに、いったいどんな取材をしたのか。少なくとも何人かの女性(歴史を重ねてきた京都人)に訊いてから書くべきだ。さすれば、おそらく誰の口からも「時短」などという言葉は出てこなかったはずだ。

祖母、母、そして妻。三代にわたって、京都の「ウチご飯」を作り続けるのを目の当たりにしてきたが、「時短」ありきの料理を作っているのを見たことがない。手早く作る、手際よく作る、を心がけているのは当然だが、それと「時短」という言葉とはまったくの別物である。

裏技だか何だかしらないが、あっという間に料理ができたから、どうだと言うのか。近頃流行りの、この手の番組を横目にするとき、決まってそう思う。三分で肉じゃがを作り上げて、余った時間で何をしようというのか。メール、ゲーム、インターネット。せいぜいがそんなところだろう。

京都という街は、長い時間をかけて、熟成させることで成り立ってきたところである。たとえそれが「ウチご飯」であったとしても、時間を惜しむようなことはあり得ない。ライター、編集者、出版社、肝に銘じるべし、だ。京都の女性の名誉にかけて、苦言を呈しておく。

ミシュランガイド京阪神２０１１年度版

さて、この秋、ミシュランガイドの２０１１年度版が売り出された。昨年に比べれば随分と控えめにはなったが、それでもマスメディアは競ってこの話題を採り上げた。

昨年は六軒だった京都の三ツ星店は一軒増えて七軒となった。一ツ星から二ツ星への昇格もあり、まずはめでたし、めでたしだったのだろう。神戸が加わったこともあり、料理店が二百三十九軒、ホテル・旅館が七十三軒、合わせて三百軒を超える星印が掲載された。まさに大盤振る舞いといった感じだ。

世界中で九十軒あるという三ツ星店。その内の十二軒が京阪神にあるのだから、どれほど同誌にとって、京阪神が「お得意さま」かが分かろうというもの。如何に関西が美食の聖地であったとしても、このバランスはいかにも悪い。

掲載拒否の店も強引に掲載する手法といい、曖昧な基準も相俟って、僕はまったくこのガイドを信用していないのだが、それにしても新年度版になって、ますますその信頼度は薄らいだ。

そもそもが、その母数である。京阪神にいったい、どれくらいの飲食店があるのか分からないが、それらすべてに足を運んだのではないだろう。では、その中からどんな基準で足を運ぶ店を決めたのか、この出発点からして怪しい。

京阪神三百軒を決めたのは、たった七人の調査員だという。選んだのが三百軒なら、少なくとも母数はその十倍はあるはず。三千軒を七人で割ると四百二十八軒。年中無休で店を回ったとしても丸一年以上かかる。さらには、聞いた話ではふたりひと組で店を回ることが多いそうだから、四で割るとする。となれば七百五十軒。一日一軒なら二年かかる勘定。

元々が僕は、食べることを仕事にして、連日外食するという舌を信用していない。人間は機械ではないから、日によって食べたいものも違えば、体調も異なる。どんな人間であっても、たとえば寿司を食べたいと思っているときにフレンチを食べれば、その評価は辛くなるだろう。もしその逆なら甘い採点になるのは必定。

ブログやマスメディアで紹介しなければならないからと、毎日毎日外食を続けていて、真っ当な味覚でもって判断をできるとは思わない。

そもそも、僕もその端くれだから分かるのだが、店を食べ歩いて、それを書いたとて、大した収入を得られるものではない。いつまで資金が続くのだろうかと、余計な心配までしてしまう。ミシュランの場合は当然会社持ちだろうが、それにしても正しい「食事」ではない。もっと原点に立ち返れば、人それぞれ味の好みも違うし、居心地の感じ方も、美的感覚も異なる。僕がおすすめしている店でも、当然ながらお気に召さないことも多々あるはず。絶対的評価ではなく、あくまで私的なおすすめである。

全国紙がこぞってニュースとして採り上げ、自らがこれほどの権威を謳うなら、少なくとも七人の審査員のプロフィールくらいは明らかにすべきだろう。どの程度の食遍歴を経てきて、どれくらいの見識を持った方なのか。それなくして信頼などおけるはずがない。

今回の特徴はデフレに合わせて、廉価店を選んだこと。丁寧にも五千円以下で食べられる店には印が付いている。

何も知らないマスメディアは「五千円以下でミシュランの星が味わえる」と伝える。甘言につられて、一ツ星店を訪ねて、きっと失望されるだろう店も散見する。

趣味の延長線上にある蕎麦屋、明らかに学生アルバイトらしき店員が、慣れない手つきで料理を盛る居酒屋とても、一つ星店なのだから。星もずいぶんと軽くなったものだ。

今回のリストに特徴的なことがもうひとつ。漢字、仮名表記を含め、祇園を店名に冠するところが二十軒近くも星を授与されているのがそれだ。冒頭に書いた「祇園が軽くなる」が、まさに証明された格好。

星渇望店にとっては、祇園に店を出すことで、第一の関門は突破できる、そう証明してしまったようだ。開店してわずか一年を越えたばかりの店に星が付く。あるフランス人は、本国版なら「あり得ない」とばかりに肩をすくめた。本物の「祇園」と似非《えせ》「祇園」の判別が必要になってきた。

第四章　冬近江の愉しみ

ついふらり、近江へようこそ

京都の四季を綴る、と言いながら近江のあれこれを書きはじめて、三度目になる。熱烈な京都ファンの方にはめだるい話とみえて、「京都本に近江は不要」などというご批判をいただくこともある。

一方で、近江の魅力を再発見できたと、エールを送ってくださる読者もいらっしゃる。賛否両論。言論の正しい姿だろう。

ただ、この二者には際立った特徴があって、それは京ブランドの信仰度に比例するというものだ。

まるで熱病に冒されたかのような、熱烈な京都ファンは、都人以上に京都の新しい情報に詳しく、新店ができたと聞けば、いち早く馳せ参じ、予約困難な割烹店には何度もアプローチし、予約を取りつける。そしてそれに合わせて来洛し、駆け足で話題店を巡り、スイーツやら調味料、和雑貨を購入して都を後にする。

こういう方々は概ね、近江巡りなどには、まったく興味を示されない。あくまで〈京〉印があってこその京都なのだから。まぁ言ってみれば、〈京〉のスタンプラリーのようなもの。どこそこの店で食べた、とか、かくかくしかじかの菓子を買った、などと人に言いたくて京都巡礼を続けておられることが多く、人気ブランドのバッグを買い漁《あさ》るのと、あまり変わりはない。とにもかくにも、こういう人たちは忙《せわ》しない。京都旅となると、ぎっしりスケジュールを詰め込まないと気が済まないらしい。景色などは二の次だが、話題になる「特別拝観」があれば行列もいとわない。上る下る、西へ東へ。あれ食べてこれ買って……。

一方で、大した予備知識もなく、ついふらふらと京都へ来てしまった、そんな旅を繰り返す向きがある。どこかにおもしろい寺がないかなぁ、だったり、西陣をぶらりと歩いてみたい、など。茫洋とした京都旅を愉しんでいる人たちも、意外に少なくない。

こういう人たちは、「京都」駅から地下鉄烏丸線に乗り、「今出川」で降りて『相国寺《しょうこくじ》』へ行くはずが、反対方向の電車に乗ってしまい、それもまぁいいか、となって奈良まで行ってきた、となる。鷹揚なのだ。なんとなく京都時間を過ごし、帰りの新幹線に乗り込んでから、土産を買い忘れたことに気づく。

言うまでもなく、近江紹介に興味を持たれるのは後者。そしてその近江もまた、鷹揚な空気が流れている。

ようやく紅葉が色づきはじめた十月の末、関西の新聞一面トップを飾る大きなニュースがあった。それは、「関西広域連合」が動きはじめたという記事。賛否相半ばではあるものの、設立に向けてスタートした「関西広域連合」は、京都府、大阪府、滋賀県、兵庫県、和歌山県、鳥取県、徳島県の七府県が広域連合を組んで、さまざまを共有しようというもの。主たる狙いは地方自治の無駄を削除し、中央一極集中を防ぐためだろうが、その目的のひとつに「広域観光」があることに注目したい。

——防災や医療も大事だが、広域観光も重要なテーマだ——、商工会議所のトップがそう発言し、京都府が担当する主な事業は、「広域観光ルートの設定」となった。

関西と言いながら、奈良県が参加しなかったのは「関西州」に繋がることを怖れた結果なのだろうが、この辺りの頑なさが奈良らしいところかもしれない。道州制がいいのかどうかは分からないが、少なくとも観光という面においては、府県境を越えて、関西全体が一致結束してほしいものだ。京、近江、奈良の仏像巡りも愉しいだろうし、京阪神旨いもの食べ歩きもいい。〈京〉ブランドに固執する旅はそろそろ卒業したいものだ。

大津はちょっと大人です

週末を近江草津で過ごすようになって半年を越えた。ＪＲ「京都」駅から草津へ向かおうとして、階段を駆け上がって２、３番の島状ホーム。基本的には草津行きの琵琶湖線は２番ホーム、湖西に向かう湖西線は３番ホームと分かれているのだが、時として、快速、普通電車が入り乱れる。ふと勘違いして乗り込んでしまうと、草津に辿り着けないこともある。

琵琶湖線と湖西線《こせい》。京都の次の山科までは同じ線路。ここから分かれ、琵琶湖線の次の駅は「大津」駅、湖西線は「大津京」駅となる。琵琶湖の東と西を、別々の線路が走る。つまりは、近江を訪れるとき、そのお目当てが湖東《ことう》か湖西かによって、乗る列車が異なるのだ。あるいは京都と近江を結ぶ、もうひとつの鉄路。京阪電車京津線もまたしかり。「浜大津」駅で、湖東石山へ向かう電車と、湖西坂本へと辿る電車に分かれる。

いずれにしても、山科は湖東と湖西のジャンクションになっている。

平安京から遡ること百三十年ばかり。中大兄皇子《なかのおおえのおうじ》は近江大津に都を置き、大津京を定め、天智天皇となった。

千二百年の京都、千三百年の奈良と続き、さて大津。千四百年には少し足りないかと思いつつ、駅に貼られたポスターのコピーを見て、思わず笑ってしまった。

〈建都ほぼ千四百年大津。京都、奈良より、大津はちょっと大人です〉

いやはやなんとも。やられたなぁ、というのが率直な感想だ。有名人でもなければ、ゆるキャラでもない。やんごとない貴族に扮した三人の男女が真面目な顔で写っている。イヴェントの告知も何もない。

京都や奈良より大人、というのは、ただ単に年長という意味だけではなく、文字通り「おとな」だと言いたいのだ。大人はじたばたしない。ポスターを見る限り、この鷹揚な姿勢はたしかに大人。これに比べれば、奈良も京都もガキンチョ。そう言われているようだ。

で、ほぼ千四百年の大津はこれから何をするのだろう。などという心配は余計なお世話。平常心で観光客を迎えるのが近江大津なのだろう。

僕の目に狂いはなかった。これからは近江の時代だ。そう確信した。我が我が、と人を押し退けてまで主張する時代は終わり、古の平安貴族よろしく、長閑に待つ時代がすぐそこに来ている、ような気がする。

奥ゆかしく、さりげなく、街の魅力を語る。今の大津の姿にかつての京都が重なる。

冬の湖西旅、最初に向かうのは近江八景のひとつ、「三井の晩鐘」で知られる『三井寺《みいでら》』【地図U】だが、その前にどうしても見ておきたいところがある。それが『大津市歴史博物館』【地図U⑲】。この博物館は『三井寺』のすぐ北に建っているので、アクセスは京阪電車石山坂線の「別所」駅が一番近い。むろん「三井寺」駅で降りても、さほど歩くことはないし、JRの「大津京」駅であっても、十五分ほども歩けば辿り着ける。

『大津市歴史博物館』

降り立った「別所」駅は大津市役所の目の前にある。わずか二両ばかりの電車なのでホームも短く、鄙びた風情の駅だ。道路を渡り、市役所の横の道を山手に上るとすぐ前に建っているのが『大津市歴史博物館』。あまり知られてはいないが、時折り驚くような展観がある。

日本で一番多く国宝を持つ京都に比べれば少なく感じるが、滋賀県には五十五の国宝が存在し、その内の三十五点もの国宝が展示されるという、希少な展観があった。

国立博物館のある東京は別格として、全国でもっとも多く国宝ならびに重要文化財を有するのは京都で二千二百余り、続く奈良が千四百弱、続く滋賀は八百余りと、ここは多くのお宝を擁する県なのである。

平成二十二年の秋、開館二十周年を記念して開かれた「大津　国宝への旅」は、美術マニアの間では随分と評判を呼んだ。

中でも一番の話題は「黄不動」の特別開帳。

『三井寺』が所蔵する秘仏中の秘仏。単独で描かれたものとしては、世界最古の不動明王である。どれぐらいの秘仏かというと、展観を報せるリーフレットにでさえ、写真を掲載できないというくらい、まさに秘仏なのだ。

平成二十一年、京都東山の『青蓮院』で公開された「青不動」には大勢の観覧客が訪れて話題となった。入館待ちの長い列が度々報道され、その人気の高さがうかがい知れる展観だった。世の中にこれほど多くの「不動」ファンがいたのかと驚いたのも記憶に新しい。

日本三大不動というものがあって、確固たる定めはないが、概ね、この「青不動」と、高野山『明王院』の「赤不動」、そして『三井寺』の「黄不動」というのが一般に言う日本三大不動である。僕が訪れたのは展観が終わる前々日。さぞや混雑しているだろうとエントランスに立って驚いた。しんと静まり返っている。

予め前売り券を購入しておいたので、チケット売り場を素通りして二階の会場へと向かうが、この階段もがらんとしている。ひょっとして会期を間違っただろうかと、急ぎ足で駆け昇り入口で確認した。

間違いなく展観中だという。ちらっと会場を覗くと、普通に人が入っている。これでも普段より多いと、微笑む受付嬢を横目に、会場内へと入った。

食に喩《たと》えるなら、中華の満漢全席。珍味、豪華食材のオンパレードといったところ。さほど広くない会場に、国宝、重文がずらりと居並んでいるのだ。普通の展覧会だとこうはならない。メインの展示以外は、ちょっとした前菜程度。次から次へとご馳走が並ぶことはない。それがどうだ。右を観ても、左を観ても、振り返っても国宝。こういう予期せぬ事態に陥ると、人はただただうろたえる。順路の札など目に入るわけもなく、アトランダムに観て回り、何度もため息を吐き、挙句の果てには唸り声さえ上げてしまう。

きっと怪しい客に見えたのだろう、監視員が椅子から立ち上がって様子を窺っている、ように見えた。

小は六センチほどの「水晶五輪塔」から、大は身の丈六尺にもならんとする「木造十一面観音立像」まで、あっちにも、こっちにも神々しいものが鎮座している。

絵画、仏像と続き、いよいよ曼荼羅と不動明王の部屋に入る。きっと「黄不動」の前は黒

『大津市歴史博物館』常設展示のジオラマ

山の人だかりかと覗けば、これまた実にあっさりと、数人が佇んでいるだけだ。もったいないやら、ありがたいやら。空いている間にと、まずは「黄不動」の前に立った。

黒山の人だかりができないわけが分かった。気合負けしてしまうのだ。道端で犬同士が睨み合っていて、やがてどちらかが尻尾を巻いて逃げてしまうのに似ている。

大日如来の化身とも見なされ、揺るぎなき守護者なのだから、気迫を持って臨むのは当然のことなのだが、歌舞伎役者が見得を切るがごとく、見開かれた目と合えば、思わずこちらが目を逸らせてしまう。まるで四天王、「持国天」のような大きな目が特徴的な「黄不動」と対峙すれば、こちらは「増長天」のような唸り声を上げるしかないのだ。

悔やんでも悔やみ切れないのは、今こうしてお読みいただいた読者の方が「黄不動」をご覧になりたくても叶わないこと。今秋の特別開帳を最後として、今後少なくとも百年は秘仏を秘仏として収め置くとの意向。にらみ鯛ならぬ、にらみ「黄不動」となったことをお詫びするしかない。

恨みごとになるのを承知で言えば、あまりにも「青不動」と違い過ぎるのが理不尽だ。府県の垣根など越えて、かかる秘仏の開帳とあらば、広く知らしめるべきだろう。知った上で足を運ぶ、運ばないは人それぞれでいい。だが知ることがなければ、致し方もない。

死んだ子の歳を数えるような愚を綴ってきたのは、繰り返さないための警鐘とご理解いただければ幸いである。

『大津市歴史博物館』。特別展観が終わったとしても、常設展示だけでも見どころは多い。大津を中心とした近江の国の概要、歴史を分かりやすいジオラマで展開している。吹き抜け空間を生かして、近江八景を分かりやすく紹介するなど、展示にも工夫が凝らされている。

涙ぐましい、と言えば失礼にあたるかもしれないが、放っておいても注目を浴びる京都と違い、大津は「分かりやすさ」を目指して努力を重ねている。その一例が「大津祭」だ。

祇園祭と大津祭

本来なら秋にご紹介すべきだったのだが、機会を逸してしまったので、改めてここで触れるが、秋の「大津祭」はぜひ足を運んでみたい祭りである。

大津の中ほど、京町三丁目に建つ『天孫神社《てんそん》』【地図U】の祭礼が、湖国三大祭りのひとつ、「大津祭」である。十月第二日曜が祭りの「本宮」、その前夜が「宵宮」。

その発祥は定かでないが、近江関ヶ原で、東西の軍勢が覇権を競い合った頃には、すでにこの「大津祭」は行われていたようだ。

十三の町内から、十三の「曳山《ひきやま》」(山車《だし》)が出て、市内を巡行し、コンチキチンのお囃子《はやし》を流す様は、京都の『祇園祭』とよく似ている。

「曳山」は朝九時頃に『天孫神社』の前に勢ぞろいして、ここから市内を巡行するのだが、僕がJR「大津」駅に着いたのは十一時を少し回っていた。駅前にはボランティアガイドが待機していて、この時間ならどこに行けば曳山を観られるかを教えてくれる。指示にしたがって、中央二丁目から一丁目の間へと向かった。

京都の祇園祭。山鉾《やまほこ》巡行の当日ともなれば、たいへんな人出だ。「京都」駅から四条烏丸へ向かう地下鉄など、東京の終電並みに混み合う。「四条」駅で降りて、歩きはじめても、なかなか列が進まない。そんな光景が頭にあったので、駅前の大通りを歩いて拍子抜けした。人がまばらなのである。

「大津祭」

たしかに曳山を目指しているだろう人波も、なくはないのだが、道路をぎっしりと埋め尽くす、にはほど遠い。粽《ちまき》の入った紙袋を手に、人波に逆行する人たちは、すでに見物を済ませて、早々と家路を急いでいるのか。

ぞろぞろと蠢《うごめ》く人波の後ろに着いて歩くこと十分ばかり。教わった中央二丁目に着いた。この先、一丁目のほうから曳山の列が向かってくるはず、と道を覗いて驚いた。なんとアーケード街なのだ。京都に喩えるなら、御池通から南に続く寺町通といったところだが、道幅はそれより狭い。はたしてこの中を、本当に曳山が通るのだろうか。訝《いぶか》りながら一丁目に向かって歩きはじめた。と、はるか前方に曳山らしき姿が見え、人波はそれに向けて大きく動き出した。

失礼な物言いを承知で言えば、〈ミニ祇園祭〉。ギシギシと音を立てて動く曳山には、祇園祭の山鉾さながらの華麗な装飾が施され、乗り込んだ町衆が奏でるお囃子のメロディーもそっくり。

十三あるという曳山が、次々とやってくる。すべて江戸時代に造られたものだけに、年季の入った姿。祇園祭と同じ「郭巨山《かつきよやま》」もあり、あるいは逆に、今の祇園祭で休み山になっていて、謎の山鉾と呼ばれている「布袋」なども通っていく。

先に〈ミニ祇園祭〉と書いたが、それは見た目の印象であって、実際には〈からくり祇園祭〉と気づいた。大津祭にあって、祇園祭にないものが、ふたつばかりある。ひとつは各曳山に仕かけられた、からくり。

大津祭の十三ある曳山には、それぞれ物語があり、それに基づいたからくりが仕かけられている。そしてそのからくりは、巡行中、二十数カ所で演じられる。これを大津祭では「所望《しょうもん》」といい、その「所望」が行われる場所に来ると、曳山を停めて、からくりが演じられる。これが観ていて実に愉しい。

最初は訝ったアーケード街だが、実はこのアーケードが日除けになって、からくりの動く様子を観るのに好都合だと気づいた。偶然だが、格好の見物場所だったわけだ。

しかし、その二十数カ所と言われる「所望」の場所。正確にどこにあるのかが分からない。と、聞き耳を立てていて、長老らしき老婦人がアーケードの軒先を指して説明しているのが耳に入ってきた。

巡行ルート上に建つ民家や商店のところどころに、二階の窓を開け放ち、幔幕や絨毯を窓枠から垂らしている家がある。その横に御幣が掲げられていれば、そこが「所望」が行われる場所の目印なのだ。

これまたうまい具合に、僕の頭の真上に御幣が掲げられている。たとえ鬼が来ても動くまじ、とばかりに両足を広げてカメラを構えた。

曳山を先導する町衆のリーダーらしき人物の合図で曳山が停まる。曳山に乗る浴衣姿の少年が身を乗り出して、懸命に笛を吹く。鉦《かね》が鳴り、今か今かと見物客は曳山を見上げる。やがて曳山の前方上部の人形が動き出し、一、二分の間、物語が演じられる。たとえば先に書いた「郭巨山」なら、郭巨が鍬《くわ》で穴を掘り、金の釜を掘り出す場面となる。

この「所望」を愉しむためには、各曳山にまつわる物語を知る必要があるのだが、それらのストーリーはどれもが含蓄に富んだものなので、道徳教育にも格好の教材となる。

これぞ祭りの原点だと気づいた。おそらくこの大津祭は、京都の祇園祭をお手本にしたのだろうし、言ってみれば祇園祭が元祖である。したがって「郭巨山」にまつわる物語も当然ながら同じ。

中国「二十四孝」のひとり郭巨の家は貧しく、老いた母を養うのに精いっぱいなのに、子どもが生まれてしまった。老母は孫可愛さに自分の分の食物を孫に与え、日々衰弱していく。そうこうする内、三年の月日が過ぎ、老母はますます弱っていく。

子どもはまた授かることがあるかもしれないが、母は再び得ることができない。そう決断した郭巨は、妻の了解を得て、ふたりで三歳の子どもを山に埋めに行く。そして涙を流しながら穴を掘ると、土の中から金の釜が現れた。《母孝行の郭巨に、天がこの金の釜を授ける》と記してあった。ありがたくこれを持ち帰った郭巨一家はその後、幸せに暮らした、という話。

自分たちの遊び時間欲しさに育児放棄をする、今どきの夫婦とは比べるのも腹立たしくなるような親孝行噺《ばなし》。子どもの頃からこういう噺を聞かされていたら、少しは事情が変わったのかもしれない。

祇園祭の山「郭巨山」は、独特の日覆い屋根の下に二体の人形が鎮座し、よく観ればその物語に通じるが、ついつい豪華な懸装に目を奪われ、郭巨の話に思い至らない。そこへいくとこの大津祭は、からくり細工による「所望」を通して、ダイレクトにストーリーが伝わるので、親孝行の教訓が自然と心に残る。それもしかし、遠巻きに観るのではなく、しごく間近で展開されるからで、祭りというものは、間近で観ないと、その本意は理解しにくいものだと改めて教わった気がする。

飽かず眺める、とはこういうことを言うのだろう。僕は御幣の下に居座って、次々に展開される「所望」を見物し続けた。「石橋山《しやっきょうざん》」では唐獅子が出てきて、「殺生石山《せっしょうせきざん》」では岩がふたつに割れて、女官の顔が狐に変わる。ハイライトシーンの度に、大きな拍手が起こる。中には外国人観光客が指笛や雄叫びで賞賛する場面もあり、祭りと見物客の一体感を強く感じた。

「所望」を終えて、再び曳山が動き出すと、上から粽が投げられ、見物客は競ってそれに手を伸ばす。ひと昔前まで、祇園祭でもよく見かけられた光景だが、近年は「危険防止」を理由に中止された。

大津祭にあって祇園祭にないもの。ふたつめはこの粽投げだ。

町衆や、秩序を心得た近隣住民だけなら危険はない。我先に粽を奪い合う見物客が増えてくると危険が生じる。集客を目指した結果が伝統の廃止に繋がる。大津祭を観ていて、京都のジレンマを想った。
と、目の前に飛んできた粽を思わず手に取った。「西王母《せいおうぼ》山《ざん》」から投げられたものだった。

『三井寺』の悲話？

寄り道から戻る。『大津市歴史博物館』を出て『三井寺』へ向かう。正式名称は『長等山園城寺《おんじょうじ》』。広大な敷地を持つ寺、教えは天台である。大乗仏教。

平安仏教の中心を為し、最澄が開創した『延暦寺』は京都と近江にまたがるが、所在地でいうなら滋賀県大津市坂本本町である。そしてそこからわずかに南に位置する『三井寺』だから、当然のように天台宗である。

『三井寺』

近江八景のひとつ、「三井の晩鐘」として知られる梵鐘《ぼんしょう》をまずは探す。多くの参拝客も同じとみえて、大門を潜って、正面に金堂がそびえているのに、左に列が動き、感慨深げに梵鐘を見上げる。

慶長《けいちょう》七年の作だというから、桃山時代の作品。思ったほど大きくはない。時ところなく撞《つ》くわけではないので、鐘の音を聴くことは叶わなかったが、これがあの「三井の晩鐘」かと、目の当たりにするだけで心に残る。

この鐘の元となったのが「弁慶の引き摺《ず》り鐘」だったことを、訪ねてみて縁起を聞いて初めて知った。

奈良時代、三上山のムカデ退治をした礼に、藤原家の武将が琵琶湖の竜神から賜った鐘を『三井寺』に寄進する。時代は下って、山門との争いに勝った弁慶がその鐘を奪い取り、比叡山の上に引き摺り上げて撞いてみると、《いのう、いのう》と響いた。関西弁で《いのう》は《帰ろう》。

そんなに『三井寺』に帰りたいのなら、とばかりに弁慶が山から蹴落とし、無事『三井寺』に戻ったという。山肌で疵《きず》の付いた鐘は寺宝とし、それを模して造られたのが、現在の梵鐘だという。

「弁慶の引き摺り鐘」

竜神といえば、この「三井の晩鐘」には少しばかり不思議で、ちょっぴり哀しい民話が残っている。

ある時、里の漁師が子どもたちに苛《いじ》められている蛇を助けたことから話がはじまる。よくあるパターンだ。蛇は竜宮からの使い。恩義を感じた竜神は王女を漁師の嫁にする。やがて子どもを授かるが、王女は素性を知られてしまい、琵琶湖の竜宮に連れ戻される。

ここからが、ちょっと不思議な展開。残された子どもは母恋しさに泣き叫ぶが、母が置いていった目玉を舐《な》めると泣き止む。目玉を残す母も母だが、それを舐める子どもって……。

それはともかく、子どもに舐めつくされた目玉はやがてなくなってしまう。目玉と飴玉が混同されてないか、と突っ込みたくなる展開だ。

視力を失った王女は、漁師に頼んで、子どもの無事を報せる鐘を撞かせる。「三井の晩鐘」を聴いて、人の心が安らぐのは、こういう噺があるからだ。

うーん。視力を失って鐘の音を、は分かるが、そのために、子どもに目玉を舐めさせるのは……。民話や童話には、少なからずこういう残酷な場面がさらりと出てくる。長じて、どんなことに遭遇してもショックを受けないように、という配慮なのだろうか。

広大な敷地を持ち、多くの寺宝を擁する『三井寺』。すべてを紹介するには、紙幅が足りない。寺の名称の由来を探る湧水を観て、湖西の旅を続けよう。

『三井寺』は「御井寺」。天智天皇をはじめ、大津京歴代天皇が産湯を使った霊泉が、この地にあり、それゆえ「御井の寺」と呼ばれていたのが、いつしか『三井寺』となった。その霊泉が「金堂」のすぐ西側にある「閼伽井屋《あかいや》」。水音を聴くことも、清流を見ることも叶わないが、古くはここの水を産湯に使った天皇がここにいたと想うだけでいい。歴史を辿るというのは、そういうものなのだ。

『しづか楼』の寒もろこと冬鴨

夏、秋と湖東を続けてきたが、冬は湖西に光を当ててみたい。それは何より近江八景のひとつ、「比良の暮雪」に魅かれてのこと。冬の湖西は、格別の情景を見せてくれる。

『三井寺』から先はＪＲ湖西線で辿る。

「比良《ひら》の暮雪《ぼせつ》」。あまり近づき過ぎると却って風情を失う。少しく離れて比良の峰々を仰ぎ見るのがいい。そこで、もうひとつの近江八景、「堅田落雁《かたたのらくがん》」の地、『浮御堂』【地図Ｔ】へと辿る。

正しくは『満月寺浮御堂』。日本のあちこちを旅しているが、こういう眺めは類をみない。むろん、僕が知らないだけで、他にもあるのかもしれない。だが、湖にせよ海にせよ、水の中に建つ鳥居は少なくないが、お堂は珍しい。

残念ながら現在の『浮御堂』は昭和になって再建されたものだが、その昔のそれは、桜町天皇が再建し、芭蕉が訪れたお堂だったという。

直接目指すなら、ＪＲ「京都」駅から「堅田」駅まで三十分弱。そこからバスで十分ばかり。

頃は平安中期。恵心僧都《えしんそうず》との尊称を受けた、天台宗の高僧源信《げんしん》が、比叡山横川中堂の辺りから、琵琶湖を見下ろすと、堅田の浜辺で闇夜に妖しい光が湖面に映っている。漁師に命じて、これを掬わせると、その正体は小さな黄金の阿弥陀仏像だったという。

源信はこれを、魚類殺生を戒める印ととらえ、阿弥陀仏を彫り、黄金像をその胎内に納め、千体にも及ぶ阿弥陀像と一緒に奉り、黄金の阿弥陀像が湖面に浮き沈みしていた場所に、お堂を創建した。これが『浮御堂』のはじまりと伝わる。

湖に突き出たお堂は侘びた風情。草堂という言葉が浮かぶ。

冬の渡り鳥、雁が綺麗な列をなして湖面をわたり、『浮御堂』を過ぎていく。

落雁といって、都人が真っ先に思い浮かべるのは干菓子。その関わりや如何に。諸説あるものの、概ね、原初の落雁菓子の姿形が、「堅田落雁」の情景に似ていたから、というのが通説になっている。

白い落雁生地に、黒い胡麻を散らす。それはあたかも、湖面を渡っていく雁の姿にも似て。

『満月寺浮御堂』

近江湖西。冬にこの辺りを訪れたなら、必ず食べておきたい美味、店がある。それがこの『浮御堂』から歩いてすぐのところにある『しづか楼』【地図T⑱】。

明治の半ば、湖国随一の旅館として誉れの高かった旅館『伊勢屋』の流れを汲む、由緒正しき料亭である。ここしばらくご無沙汰しているが、季節が変わる度にこの店を訪れ、いかに近江の国に旨いものがたくさんあるかを教わった店である。

その筆頭が寒もろこ、第二が冬鴨だった。どちらも冬から初春にかけてにしか味わえない、季節の味である。分けても寒もろこ。京料理でも珍重されるそれを、この

『しづか楼』で堪能したのは懐かしくも贅沢な思い出だ。

湖面を間近に望む漁師町の一角に店はある。かつては裏庭から桟橋が延びていたという屋敷の、立派な座敷で湖産の希少な食を愉しめる。

二代目だったろうか、女将のあしらいは粋だったが、祇園のそれとは違って、いくらか距離が近かったように思う。炭火の上に網を置き、そこに琵琶湖の本もろこを寝かせる。火が入ってくると、女将はそのもろこを網の隙間に立てた。と、ちょうど頭だけが網の間に嵌り、もろこは逆立ちをする。

「これを杭焼きて言うんでっせ。琵琶湖の眺めみたいですやろ」

女将は誇らしげに、もろこの頭が焦げてくるのを待った。

酢味噌、生姜醤油、お酢、と三通りの付けダレがあったが、僕の気に入りはシンプルなお酢だった。

「京都の『千鳥酢』ですねんで。やっぱりこれが一番よろしいなぁ」

のんびりした口調で女将が言った。

昭和初期に料理旅館として創業した店、建物も味わい深く、古きよき〈京都〉と重なる。

何もかもが過ぎている、今の京都にはない、はんなりした空気の中で、琵琶湖の本もろこに舌鼓を打つ。これもまた、まごうことなき「京都旅」である。冷たい湖の底に潜んでいただろう本もろこは、焼き立て熱々を頭からがぶりとやる。そのために逆立ちさせて、頭を炭火に近づけたのだから。夏の鮎に勝るとも劣らない、上品な味わいは、微かな苦みと、ふくよかな甘みで、心までをも温める。

本もろこの後は鴨。近江堅田は古くから、鴨の集積地として知られている。

食べようと思えば年中口にできる鴨だが、やはり冬に食べると、その味わいは一層深みを増す。ロース肉をさっと炭火で焙《あぶ》るのもいいが、濃密な旨みを味わい尽くすとなれば、鴨鍋に止めをさす。

もろこ、鴨、ふと気がつけば、これらは京都の割烹でも、冬場には主役を張る食材だ。水のみならず、京の美味は多く、近江に負うこと大であることを改めて思い知った。冬の京都旅にはぜひ加えていただきたい一軒である。

さて、この『しづか楼』。僕とは不思議な縁で繋がっている。

初めて店を訪れて、そのときは鮎料理に舌鼓を打ったのだったが、店を後にしようとして、見送りに出てきた女将に、ふと気になったことを尋ねてみた。

「お店の『しづか楼』という字が、とても素敵なのですが、どなたの書ですか?」

「森田子龍《しりゆう》先生の字なんです、て言うてもお若い方はご存じやないやろけど」

「あの子龍先生ですか? それで納得しました。先生はうちの患者さんだったんですよ」

僕は女将に、かつて祖父の患者としてうちの医院に通っていた森田子龍氏の話をした。

「今は、この堅田にお住まいなんです。すぐそこのマンションですわ」

不思議な因縁である。広く誰にでも知られた名前ではないが、書家としての高名は、書を志す者なら知らない者などいない。京都住まいだと思い込んでいたが、まさか近江堅田に居を構えていたとは。そしてその書に導かれるように、僕はこの『しづか楼』の暖簾を潜り、美味に出会った。後にも先にも、森田子龍が店の名を書いた看板など見たことがない。

書が紡いでくれた縁、湖西きっての名店との出会いである。

＊　＊　＊

近江という地は、実に不思議なところで、足を運べば運ぶほど、その魅力にとりつかれてしまう。草津のホテルに籠《こも》っていても、隙をみては古刹や資料館に心を魅かれる。

前著でも記したが、近江の魅力にとりつかれた元祖は白洲正子である。平成二十二年秋、その功績を称えるかのように「白洲正子展」が、『滋賀県立近代美術館』で開かれ、多くの観覧客でにぎわった。

それに合わせてなのか、僕も登場した『京都新聞』の「文化観光」欄に、孫の白洲信哉氏のインタビュー記事が掲載され、近江賛歌を高らかに謳い上げていて、後押しをされているようで、心強く感じた。

「近江は日本文化の発祥の地と言っても過言ではない」

記事の冒頭に記された、白洲正子の言葉だ。まさに我が意を得たり、だ。寺、祭り、仏像などなど。近江の地を歩くたびに、この言葉を実感する。

「奈良や京都の楽屋裏」

近江のことを、そうも表現した。巧いこと言うなぁ、と思う。

さて、春はどんな近江をご紹介しようか。魅力ある地が多過ぎて迷うほど。

平成二十三年は間違いなく、近江、大注目の年になるだろう。

第五章　冬泊まりの宿

一・『俵屋』で春を待つ

『俵屋』に泊まる五つの理由《わけ》

第一章の「ひなみ　つきなみ」をご紹介しようとして、同じような試みをしている雑誌の記事を見つけた。その雑誌は歴史ある大判のグラフ誌で、我が家でも数十年にわたって愛読しているもの。そこに毎月原稿を寄せておられるのは、『俵屋』旅館（百九頁参照）の当代主人、佐藤年さんである。大きな写真が誌面を飾るグラフ誌だから、目立たぬ文章なのだが、これが実に味わい深い。

自らを棚に上げることを承知で言えば、京都のあれこれを綴る書き手の稚拙さは否めない。前々著で「平成の岡部伊都子《おかべいつこ》の出現が待たれる」と書いたが、その状況は半年経っても変わることはなく、むしろ益々ひどくなっている気がする。テレビのバラエティ番組よろしく、驚きの声を上げ、大仰に騒ぎ立てるだけで、京都の有り様を正しく伝えられるとは、とても思えない。

しかし佐藤さんは長く『俵屋』に伝わってきたものを紹介しつつ、折節の想いを月ごとに綴っておられる。さほど長いものではないのだが、実に丁寧な文章で、腐心して推敲を重ねられただろうことが、ひしひしと伝わってくる。

喩えるなら堀辰雄の名文『浄瑠璃寺の春』。あるいは同じ女流ということで比肩するなら、幸田文の『きもの』だろうか。

毎月この「俵屋相伝」を愉しみに読み、その言葉の美しさに唸り、想いの深さに幾度もうなずいている。もしも佐藤女史が宿屋の主でなければ、間違いなく「平成の岡部伊都子」を上回る存在になっただろう。それを惜しむようでもあり、しかしやはり『俵屋』という宿を守り継いでこられたことは、旅人にとって幸甚なことだったとも思う。

当誌、晩秋の号で、昨今の野菜ブームを例に挙げ、「過ぎる」ことを戒める記述があった。野菜から食全般へ、「美味し過ぎる」ことに疑問を抱き、そこから今の事象全般が「濃密過ぎる」と警鐘を鳴らす。

文中ではトマトが例示されていて、トマトが美味しいのは嬉しいが、かと言って、トマトがこんなに濃密な旨みを湛えるのは、どこかおかしいのではないか、と。

まさしくその通りだと膝を打った。僕もこの「野菜」のことは何度も書いてきた。前著では「行き過ぎた京野菜ブーム」を憂いた。

あるいはライトアップ。宿に庭をライトアップするように所望する客が時折りいるようだ。しかし当主は、薄明かりの中に浮かぶ庭だからこそ美しいとして、これを拒んでいるとあった。これもまた我が意を得たりだ。

桜にせよ、紅葉にせよ、京都の寺社が競い合いうようにライトアップすることを快く思わないのは僕だけではなかった。そのことにまずはホッとした。一社や二、三寺なら、それもまた風情だと思わなくもないが、そこいら中の寺社がこぞってライトアップし、多くの観光客を集めるのはいかがなものか、そう思い続けてきた。もみじも桜も夜はきっと静かに眠りたいだろうに。

この晩秋の号の題は「ほどほど」とあった。まさしくその通りである。今の京都は、「ほど」が過ぎている。町家しかり、京野菜しかり、京割烹しかり、だ。

足るを知り、ほどほどで事をおさめていくことが、長く保つ秘訣でもある。稀代の名旅館主人がそう教えてくれている。

透徹した美意識で紡がれる言葉は、宿のそこかしこに現れ、丁寧な推敲は、完璧とも思えるもてなしに形を変える。

幾度となく『俵屋』をおすすめしてきて、この宿を訪れるのに、もっともふさわしい季節は冬ではないかと思い至った。その訳は大きくふたつ。ひとつには、京都の街中で見かける観光客の姿が一番少なくなる時期だから、と、もうひとつは「春を待つ」のに、これほど似つかわしい宿はないだろうと思ったからである。

なぜこれほどまでに、一軒の宿に心魅かれるのか。泊まりたくなるのか。そのわけを探ってみた。

①庭との一体感

宿の客室と言って、もっとも贅沢なのは離れ形式だ。隔絶された個の空間をひとり占めする愉しみ。

だが、京都の街中となれば、さほど広いスペースは望めない。洛中に一軒、一軒独立した離れを造るのは至難の業であると同時に、それもいささか興趣を削ぐ。それこそ「過ぎている」。そこでこの『俵屋』である。

そんなに広い宿ではない。廊下だとて決して広いとは言えない。客室と客室は、ほとんどが隣り合っている。

なのに、何度泊まっても、壁一枚隔てて、隣に客がいる気配すら感じたことがない。いつも不思議に思っていた。

伊豆箱根辺りに建つ今どきの豪華旅館に比して、格別に広いわけでもないのに、まるで離れのように他の部屋と隔絶した空気を感じるのは、偏《ひとえ》に「庭と部屋の一体感」に因があるのでは、と思うに至った。

ガラス窓一枚隔てて、雅味漂う庭と、研ぎ澄まされた感性で設えられた部屋がひとつになる。「離れ」より「離れ」らしく感じる。

限られた空間に、無限の広さという魔法を生み出す、それが『俵屋』の部屋。

②細部に宿る美

「美」を押しつけられるのが苦手だ。それも当人だけが思い込んでいて、ちっとも美しくないものを見せつけられるほど息苦しいことはない。宿屋に限らず、料理屋でも時折り、こういう「美の押し売り」を見せられる。

家具、花、軸、調度。本当に美しいものは、実にさりげなく佇んでいるものだ。そこにあることすら気づかずに、うっかり通り過ぎてしまう。だが、気づいて振り返ると、凛として、落ち着いた美を湛える景色がそこにある。

あるいは、本当に美しいものは、細部に潜んでいる。誰もが見過ごしてしまうような細かなところ。

大袈裟に騒ぎ立てることなく、静かに美を湛える景色ほど良きものはない。

『俵屋』に泊まると、何度もその景色に出会う。憎らしいまでに、細かな部分、隠れたところにまで美が宿っている。

例えば角度。あるいは向き。花ひとつにも、美の最善を目指す。部屋の広さ、明かり、調度。その中に身を置くなら、花はこうあらねばならない。その通りに花が活けられている。

それこそが『俵屋』の美。

③心安らぐ設えと寝具

目に障らないのである。心を騒がせないのである。身体を包み込むのである。目と心と身体。すべてが安らいで、喜んで微笑む。それがこの宿の調度、設えである。

宿の要諦、寝具が典型だ。初めてこの寝具を見て、その上に横になったとき、小さくて、高くて、落ち着いて休めないのではと危惧した。が、その危惧した意識すら覚えてないほどに、あっという間に眠りに落ち、そのまま朝までぐっすり眠った。

朝起きて、改めて寝具を見て、何かの魔法ではないかと思った。

こと寝具だけに限らない。初めての部屋であっても、何かを「探す」ということがない。ふと思い立てば、そこに必要なものがある。

そもそも宿というのは休息を取るための施設。そう考えれば、今の宿には余計なものが多過ぎる。テレビだ、ビデオだ、ＤＶＤだ、オーディオだ、とリビングに並べ立て、リモコンをいくつも置かれても、何をどう操作すればいいのか、途方にくれてしまう。

さらには広きに過ぎる。ちょっとした用を足すのに、部屋を移動し、いくつもの戸を開けなければならなかったりする。

『俵屋』に余計なものは、ひとつとしてない。しかし必要なものはすべて抜かりなく備える、それが『俵屋』の設え。

④過ぎない美食

――四季折々選りすぐった旬の食材を、経験豊かな料理長が心を籠めて調理した料理――。

多くの日本旅館のリーフレットやホームページには、そう謳われている。

であるにもかかわらず、その言葉通りの料理を食べられるのは、極めて稀なことだ。

四季など問わず、高級食材を多用し、多くの旅館を渡り歩いた板前が、これ見よがしに調理した料理が多過ぎる。

それは哀しいことに、旅館のみならず、割烹、料亭、京都の多くの料理屋にも散見される。大仰な器に、調理を重ねた希少な食材を盛りつける。そのプロセスは、頗《すこぶ》るつきのパフォーマンスで、客は目の当たりにすることになる。

すべてに過ぎたる美食には、唯一、〈本物〉が欠けている。

『俵屋』の食には、何の衒《てら》いもなく、派手な仕掛けもない。あるのはただひとつ。本当に美味しいものだけだ。

概ね、この宿の器は小ぶりである。旬の造りなども、小さな皿に少しく切り身が並ぶ。備前あたりの大きな俎皿に、数種類の造りを盛り込むようなことはしない。

しかし品よく盛られた造りは、しみじみと美味しく、するりと胃の腑におさまる。

毅然として、過ぎることのない味、それが『俵屋』の食。

⑤細心接遇

言葉だけで「もてなしの心」だとか「癒し」などと宣う宿に限って、宿を後にするとき、心に棘が刺さっている。

旅館の接客ほど難しいものはないだろうと思う。客の求めるものが、あまりにも多岐にわたり過ぎるからだ。それを意識するせいか、多くの宿の接客は慇懃になり、結果として粗くなるのが常のこと。さらには、やたら〈感動〉という言葉を連発するのも最近の傾向。

ある京都の有名料亭では、従業員に対して、客が感涙するよう努力せよ、と教育していると聞いた。料亭を訪れて、料理を食べ、客が帰り際に感動の涙を流してこそ、一流料亭の証し、だと教えているのだそうだ。キャッチフレーズは「感動を越えた感涙のサービス」。

何をかいわんや、だろう。言葉の遣い方が違う。感涙が、感動を越えたところにある、そう思い込んでいることがまず間違いのもと。近頃の安っぽい小説に影響されたのか、涙を流すことが、感動の最上級だと勘違いしていて、真っ当な接客がはたしてできるのだろうか。

内に秘めた心のよろこび、言葉にすることすらできない情感。それこそが、日本人にしか持ちえない感動なのだが。

「もてなし」も「癒し」も謳わず、細かく心を砕くに徹する。それが『俵屋』の接客。

五つ、はすべてではない。名著『俵屋の不思議』で村松友視《ともみ》氏が書いたように、まだまだ

『俵屋』には不思議が満ちている。泊まるたびに、その不思議を解き明かそうとするのだが、なかなかこれが叶わない。

一夜を過ごし、宿を後にするとき、こぼれるのは涙ではなく、心の奥底からの笑顔、それが『俵屋』という宿である。

二．リーズナブルな滞在に

ニューオープンの『ダイワロイネットホテル京都八条口』

僕にとって、待ちに待ったといってもいいホテルが、平成二十二年秋、紅葉シーズンを直前に控えてオープンした。

待ちに待ったというのは、いささか大袈裟かもしれないが、日本各地に旅する時、僕はまず、この『ダイワロイネットホテル』チェーンのホテルがないかを探す。それほどのお気に入りなのだ。

名古屋、仙台、富山、金沢、岡山、博多と、何度もこのホテルチェーンに泊まったが、どこも快適に過ごすことができた。わけても僕の仕事の生命線ともいえるネット環境、デスクの使い勝手は、どの地方でも申し分なかった。

　基本的にはビジネスホテルの範疇に入るのだろうが、部屋の広さ、ベッドの大きさ、快適度はかなりシティホテルのシングルルームに近い。その『ダイワロイネットホテル』【地図L】がいよいよ京都に、それもＪＲ「京都」駅の新幹線側、八条口近くにできるとあれば、どうあっても泊まって、その良し悪しを確かめねばなるまい。オープン初日、十一月一日の予約を入れた。オープン記念特価、素泊まり七千五百円である。

「京都」駅八条口から歩くこと三分ばかり。ピカピカのまっさらホテルはやはり気持ちがいい。

　自慢するほどの話でもないのだが、僕はこのホテルチェーンの会員になっていて、泊まる度にポイントがたまる。これはなかなか嬉しい。そしてもうひとつのメリットはチェックインの時にサインするだけでいいことだ。

　早めのチェックインのおかげか、７０７号室。最上階の部屋を用意してくれた。

　このホテルチェーンの好ましい点は、「ほどの良さ」である。一八平米のスタンダードシングルは、狭過ぎず、広過ぎず。大きめのベッドが寝心地のよさを約束してくれる。窓側に長く延びるロングデスクも、仕事がはかどりそうだ。欲を言えば、もう少し椅子とベッドの距離が保たれていればありがたいのだが。
サイドテーブル付きの小さなスツールもあり、シングルルームとしては充分合格点が付けられる。と、早速ＬＡＮケーブルを繋いで仕事をはじめ、ふと窓の外に目をやると、なんと五重塔が見えるではないか。それはまるで絵ハガキのような、二時間サスペンスの京都モノの冒頭シーンのような、絶景なのである。

　これだからホテルは泊まってみないと分からない。こういう、ちょっとしたサプライズがあると心が軽くなる。サクサクとキーボードを叩き、ちょっとひと休み。

『ダイワロイネットホテル』

　ベッドに寝転んでみて、アッと息を呑んだ。なんと五重塔だけが浮かんで見えるのだ。まさか、そこまで計算して部屋を設計したわけではないのだろうが。

　オーシャンビューというカテゴリーがあるなら、「五重塔ビュー」があってもいいのではないか。京都のホテルに泊まって、ベッドに寝っ転がって、『東寺』の五重塔が浮かんで見えるホテルは、は

客室から見る「五重塔」

たして他にあるだろうか。これだけでもこのホテルに泊まる価値はある。ご希望の向きは、必ず西側に窓のある部屋を、それも五階以上をリクエストしたい。

改めて窓の外を見てみる。右、すなわち北側を覗けば、京都駅ビルが見える。正面左に東寺の五重塔、その奥には西山が連なる。長く京都に住んでいるが、この眺めは珍しくも美しい。京都にとって、『東寺』の「五重塔」は、東山如意ヶ嶽の「大文字」とともに特別な存在である。部屋の窓を額縁のようにして「五重塔」が見えるホテル。

あの頂《いただき》は、どの山だろうか。中腹に見える寺らしき建物はどこだろう。飽かず眺める。

今、ホテルを選ぶとき、多くはネット予約という道を選ぶだろう。そしてそのネット上には、動画を含めさまざまな情報が提供される。ホテル側が出すものもあれば、ユーザーの泊後感も多く掲示される。それらを参考にして泊まるべきか否かを判断するのだが、それでも分からないのが、こういう眺めだ。

上質なベッドで、ぐっすり眠った翌朝、目覚めてすぐにカーテンを開けた。と、どうだろう。「五重塔」が朝陽を浴びて、金色に輝いているではないか。僕は思わず手を合わせた。遠隔ではあるが、『東寺』にお参りまでできてしまう。

ホテルはやはり、泊まってみないと、その真価は分からない。

ウィークリー京都を堪能する宿『守口ロイヤルパインズホテル』

四季折々どころか、一年に十回以上京都を訪れるという、熱烈な京都ファンの方がいらっしゃる。仮にAさんとしておこう。退職してしばらくは、物珍しさもあってか奥方も同行されていたようだが、あまりの頻度に付いていけなくなったとかで、近年はもっぱら、ひとり京都を愉しんでおられる。そのAさん曰く、

「一度でいいから、一週間通して京都を歩いてみたい。そう思うのですが、宿が難しいんですよ。六泊、七泊となると費用も嵩《かさ》むし、何より、土曜日がね、土曜の宿泊がネックなんです。取れないことも多いし、取れても値段が跳ね上がるんです」

「なら、いい手があります。ウィークリーマンションというのが、京都にも随分増えてきました。ここなら土曜日でも取れるでしょうし、値段も格安だと思いますよ」

僕が答える。

「それもネットで探してみたんですけどダメなんです。部屋の掃除を毎日してくれないんです。それに場所も辺鄙なところが多いですしね。朝、部屋を出て、帰ってきた時に、部屋は散らかったまま、電気も点いてない、って何だか昔の単身赴任を思い出しそうで……」

Aさんは顔を曇らせる。

「そうですか。たしかにそういうプランを作っているホテルって、掃除は週に一度、とかですね。分かりました。探しておきます」

そう言って、すでに二年近くが経った。相変わらずAさんの願いは叶いそうもない。この間もAさんは、二泊、三泊と、京都旅をリフレインしていらっしゃる。

と、ある日。偶然見つけてしまったのである。ウィークリー京都を愉しむ宿として、リーズナブルかつアクセス便利。加えて意外な愉しみまで与えてくれる宿を。

執筆に専念するため、京都市内、あるいは近辺のホテルに籠もっている。ここしばらくはもっぱら近江草津の『ホテルボストンプラザ草津』【地図S】だ。アクセスもよく、部屋もサービスもいい上に、手頃な価格ときているから、当分はここを離れることはない。そう決め込んでいたが、秋の連休に思いがけない事態が起きた。うっかり予約を忘れてしまっていたのだ。

僕がおすすめしているから、というわけでもないのだろうが、どうしても部屋が取れない。しかし原稿の締め切りは待ってくれない。必死で探してみたものの、どうしても見つからない。困り果てた僕は、ふたつの譲歩を試みた。

ネットの宿サイトでホテルを探す時、僕が必ず付ける条件は禁煙と、ネット接続無料。タバコ臭い部屋、ネットを繋げるのにわざわざ料金を払わねばならない宿は、これまで必ず避けてきた。しかしそんな贅沢は言ってられない。ふたつの条件を外して検索すると、一気に選択肢が増えた。その中で見つけたのが『守口ロイヤルパインズホテル』【地図R】。

アクセスを見ると、京阪電鉄「守口市」駅直結と記してあった。守口といえば京都と大阪の間。かなり大阪寄りではあるが、京都旅に使えそうな立地だ。しかも連休期間中も空きがある。早速ネットサイトを渡り歩いて驚いた。ウィークリープランがあったのだ。しかも七泊で三万五千円という格安価格である。一泊当たり五千円。きっと今流行りの訳ありだろうと思った。

このホテルはビジネスではなく、れっきとしたシティホテルである。シングルルームとて十七平米あり、ルームサービスまである、真っ当なホテルなのである。そこで五千円となれば、きっと何か訳がある。掃除を省くとか、窓のない部屋だとか……。空きがあるのを確かめた上で、直接ホテルに電話をしてみた。

初めて泊まる宿では、必ずこうして電話をしてみる。この印象によって最終判断をする。これが僕の流儀。

電話口に出たフロントの女性は、懇切丁寧にこちらの質問に答えてくれた。訳ありでも何でもないのだという。眺望を望むなら極力高層階の部屋を用意すると言った。むろんのこと、部屋の掃除は毎日、通常通り行うとも。ただし、禁煙ルームは満室なので、消臭対応で容赦してほしいと。

すぐさま「じゃらん」を通じて予約した。七泊八日三万五千円ぽっきり。しかもポイントまで付く。Aさんに朗報を届けることができるかどうか、一抹の不安を抱えながら、京阪電鉄「守口市」駅に降り立った。

駅は二階になっていて、そこから歩道橋を辿ってホテルに入る。屋根付きの通路なので、雨に濡れることなくチェックインできそうだ。ちなみにこういう通路橋は、ペデストリアンデッキと呼ばれているようだ。ペデストリアンとは歩行者を意味する言葉だそうで、そう言えば、「草津」駅にも東口にはそういうものがあったなと思い出した。

エレベーターで一階に降りる。カフェレストランがあり、小さなスーヴェニール売り場の横にフロントがある。頼めば部屋まで案内してくれるようだが、鍵をもらってひとりで部屋へ向かう。電話で話した通り、客室としては最上階の部屋。エレベーターを降りると、幾らか煙草の臭いもするが、部屋に入るとほとんど臭わない。消臭剤の威力か。

１１７２号室。部屋に入って何より驚いたのは、その眺めだ。周囲に高い建物がないせいで、はるか大阪市内までくっきりと見渡せる。夜のチェックインだったので、いきなり見事な夜景に出会って気分良く荷を解《ほど》いた。京都のホテルではなかなか得られない都会の夜景。これがまずこのホテルおすすめのポイント。

荷を解き、パソコンもセットし、ひといきついたところで、ルームサービスのメニューを開いた。ここで第二の驚き。

通常、ホテルのルームサービスといえば、決まり切ったメニューと、その異様なほどの高価格を特徴としている。

以前泊まった老舗ホテルでは、ビーフカレー二千八百円だの、ステーキピラフ三千五百円だの、お夜食のお茶漬け二千三百円などというものまであった。このハードルの高さからはどうも、できれば頼んで欲しくない、というホテル側のメッセージが伝わってくる。老舗ホテルのメンツにかけて、一応ルームサービスは続けているが、できればやめたい、という声が聞こえてくる。高価格に設定して、頼む客が激減すれば、廃止する言い訳ができる。そんな穿った見方をしてしまうほどに、おざなりなのがホテルのルームサービスというもの。だが、このホテルは違う。そんな常識を覆すようなメニューが並び、客を手招きしているのだ。「イカ焼き&大阪生まれの角ハイボールセット」。いきなり、こうである。しかも値段は八百六十円。続いて「たこ焼き&大阪生まれの角ハイボールセット」同じく八百六十円。

はたしてシティホテルのルームサービスで、こんな庶民派のメニューがあっただろうか。これだけにとどまらない。このホテルには和食と中華のレストランが入っていて、その店のメニューもあるのだ。ちょうど夜のつまみ用にと、駅前のデパートで『551蓬莱』の海老焼売《シューマイ》を買っていたので、ちょうどいい。「五目あんかけ焼きそばセット 揚物付き」千四百三十円也を頼んだ。

ホテルのルームサービスというものは高い上に遅い、それが常識である。シャワーを浴びて待つことにした。と、シャワーを済ませ、ナイトウェアに着替えようとした、まさにその時、チャイムが鳴った。

頼んでから、わずか十二分後のことである。熱々のあんかけ焼きそばが、春巻きの小皿を従えて届いたのである。焼売をつまむヒマすらなかった。迅速を売り物にしている街場の店とて、こうはいかない。

さてその味は、と言えば。これが実に旨いのである。しかも火傷しそうに熱々。とろりとした餡に、パリッと硬い麺が絡んで、店で食べるのと同じ味わいだ。僕がこれまで食べたルームサービスで一番だと言ってもいい。適価で旨くて早い。特筆すべきサービスだ。

このホテルに泊まって、一日京都を歩きまわったとしても、夕刻戻りひと風呂浴びたところで、部屋までこのレベルの料理を運んできてくれれば、きっと疲れも吹っ飛ぶことだろう。

味をしめた僕は翌日もルームサービスを頼んだ。祇園界隈で長い列を作って食べるより、はるかに旨い親子丼を部屋まで持ってきてくれて、しかも九百八十円。熱々の赤出汁まで付いてきた。和食店から運んできたのだろう、和服姿の女性が息せき切って、という風に捧げ持ってきた。実にしみじみと旨い親子丼であった。

他にもあれこれ食べたのだが、ルームサービスだけを語るわけにはいかない。ウィークリー京都旅とこのホテルの繋がりに話を移そう。

ホテルの建つ、この「守口市」駅と京都は、どう繋がるかをまずは検証してみよう。

『守口ロイヤルパインズホテル』ルームサービスの一例

京阪電鉄本線は、「三条」駅と大阪「淀屋橋」駅を結び、「三条」駅から北には鴨東線と名前は変わるが、「出町柳」駅と直結している。「出町柳」駅から「淀屋橋」駅までは、特急電車で約一時間の道のり。だが、「守口市」駅に特急は停まらない。停車するのは急行電車。「出町柳」からは五十分ほどだ。ちょっと時間がかかるかなと思うが、これは「出町柳」からだからで、多くの旅人がお目当てにする「祇園四条」駅からなら四十五分、「京都」駅に近い「七条」駅からだと四十二分と、わずかながら短縮される。

「守口市」駅から「出町柳」まで、この路線上にどんな見どころがあるか。歩いて辿ってみて驚いた。実にバリエーション豊かで、かつ的を射たスポットが目白押しなのだ。分けても冬。冬にこそ訪ねたい名所が、いくつもある。これなら一週間、このホテルに滞在して京都歩きを愉しめる。瓢箪から駒。これだから、実際に足を運んでみないと分からない。守口に泊まって、京都の名所を歩く。どんなガイドブックも思いつくことはなかっただろう。だが僕が描いていた、冬のおすすめスポットを訪ねるのに、このホテルほど便利なところは他にないのだ。

第一章で挙げた「冬のひなみ　つきなみ」と連動してみていただきたい。顔見世・初詣・をけら詣り・『泉涌寺』七福神巡り。

どれもが、この京阪沿線にある。路線図と首っぴきで、一週間のスケジュールを立てる。わくわくするひとときではないか。

もしくは何の予定も立てずに、いきなり一週間のホテル予約だけ済ませてチェックイン。一日、一日、路線図を眺めながら、さて明日はどこへ行こうかと、頭を巡らすのも愉しい。ウィークリー京都。新しい京都旅の形になることだろう。

おわりに

平成二十二年。取り分け長い夏だった。毎日毎日、出会いがしらの挨拶は決まって、

「今日も暑いですね」

ようやく秋の気配が近づき、お彼岸の頃。常の年と違うことに気づいた。彼岸花が咲かないのである。

やっとのことで赤い花を広げたのは十月に入ってからだった。野菜は高騰し、その代わりと言っては何だが、国産の松茸が大豊作となった。例年、異国のそれで食卓をにぎわせたが、今年は信州産のかけらを口にすることができた。その香りたるや、やはり格別であった。

酷暑の夏とても、京都の観光客はその勢いを衰えさせることはなかった。そして、観光シーズンのピーク、秋も深まると、辻褄を合わせるかのように、急に冷え込んだ。冷房から暖房へ。踊り場のひとつもなかった。

紅葉は駆け足で色づいていき、それに連れて、京都を訪れる観光客も例年通り、もしくはそれを上回る勢いになった。観光業の方々の話では、「平城遷都千三百年祭」に沸く奈良とセットにして京都を訪れる人が多かったのだそうだ。

その奈良の街。祭りの主会場、平城京跡会場来場者数が、目標の二百五十万人をはるかに超え、三百六十三万人にも及んだことは同慶の至り。ではあるが、このまま奈良観光が定着するかどうかには、かなりの疑問符が付く。多く地元の人たちも来年からの反動を危惧しているようだ。

集客面では、一応の成功をみたことになるのだろうが、千三百年という区切りを通じて、奈良の魅力を発信するということは充分にできなかったように思える。ただただイヴェントとして、一時的に人を集められればいい、という発想に終始したのではないか、と惜しまれる。

その典型が〈食〉。

本シリーズでも幾度か書いてきたように、奈良の弱点は〈食〉である。誰もがそう思っている。京都から一時間圏内であるのに、同じ距離感の大阪や神戸へ食事に行くことはあっても、都人が〈食〉を求めて奈良へ行くことなどほとんどない。仏像に魅力は感じても、〈食〉

に魅かれることはない。それが都人にとっての奈良像だ。本当に食べるべき店がないのか、それともPRが下手なだけなのか。大和の〈食〉をアピールする絶好の機会だったはずだが……。

県も共催して「奈良フードフェスティバル」なるイヴェントが十月、一カ月間もの間、開催された。

「街なかレストラン」と称して、奈良各地のレストランで特別メニューを組んだりもしていたが、メインイヴェントは「シェフズダイニング」。著名なシェフが日替わりで料理を作るという催し。

数十人にも及ぶシェフの顔ぶれを見て驚いた。テレビや雑誌などマスメディアに登場する機会の多いシェフたちは、そのほとんどが奈良以外の料理人。申し訳程度に奈良のレストランシェフが登場し、奈良の食材も使うようだが、なぜ外地の料理人同士がコラボするイヴェントを「平城遷都千三百年祭」で行うのか。僕には理解できない。たしかに東京をはじめ日本各地から有名シェフが集まるのだから、このときは集客できるだろう。しかしその後はどうなるのか。奈良にも美味しいもの、いい店がある、と気づかせてくれるのだろうか。否である。むしろ逆効果になるだろう。

兵庫県西宮で店を構えるイタリアンと中華のシェフが料理の競演をする。やれフカヒレだアワビだ、フランス産の小鳩だと、奈良とは無縁の食材を、奈良とは縁もゆかりもないシェフが競い合って料理する。これのどこが「奈良フードフェスティバル」なのか。これをわざわざ千三百年祭の奈良で行うことにどれほどの意義を見出せばいいのか。数少ない奈良在住の友人が怒りを顕わにしていた。「奈良をバカにするな！」。

「どうせ奈良にはたいした料理人がいないだろうから連れてきてやったぞ」、そう言われているような気がすると髪を逆立たせた。

奈良のっぺ、そうめん味噌汁、柿の白和え。食材に乏しい奈良でしか味わえない素朴な料理がある。それらはどれも慎ましやかに各家々で受け継がれ、心の誇りにもなっている。吉野葛、柿の葉、桜葉、三輪素麺。数少ない特産品をアピールすることもなく、東大寺を一望する奈良公園の一角で、有名シェフがお祭り騒ぎをする。それを仕切るのは東京と大阪のプロダクション。

「大仏商法」とも呼ばれる、おっとりとした県民性に付け込む浪速商法に翻弄されたのは、気の毒としか言いようがない。

毎年開かれる『正倉院展』を例に引くまでもなく、奈良は日本の宝箱である。千三百年を機に、奈良の街を訪れる人はこれからますます増えるに違いない。行き帰りに奈良の味わいを求める旅人は少なくないはずだ。自分たちの勢力誇示を目的にした、商魂たくましい輩に絶好の機会を奪われたことは、奈良にとって大きな損失となるだろう。

折しも平成二十二年は、光明皇后の千二百五十年御遠忌。民衆の救済に心血を注いだ稀代の皇后は、どんな思いで「フードフェスティバル」を見ていただろうか。

こと奈良だけの問題ではない。〈食〉を弄ぶ傾向が日々顕著になるのは、京都も同じである。

この「フードフェスティバル」の中心にいたある人物は新聞紙上で、外国人観光客が日本を訪れる目的の第一は「食」であると断じていた。「食」を生業にする人物がそう思い込むのは勝手だが、事実に反することだけは間違いないだろう。

お隣の赤い国はいざしらず、欧米からの観光客の主たる目的は、伝統に裏打ちされた、日本文化に触れることにあるのは疑う余地がない。

官であろうが、民であろうが、組織の只中にいると、周りが見えなくなる。京都の食イヴェントが開かれるとなると、いつも同じ顔ぶれが揃い、変わり映えのしない冗話を披瀝する。その一因は、こうした人物の言い分を素直に聴いているからだろう。普段は「地産地消」などと、したり顔で主張している輩に限って、こういう、奈良でのイヴェントのような愚をおかす。底の浅いキャッチフレーズは、すぐに化けの皮が剥がれる。

最近のテレビ番組で、楽屋落ち的な番組が多いのと同じ成り立ち。自分たちだけがおもしろがって、周りはしらけるばかり。我がもの顔に「関西の食」を語り、食い扶持にされたのでは堪ったもんじゃない。

京都に生まれ、京都に育ち、やがて暦が還る。この間、どれほどの恩恵を蒙ってきたことか。その恩に報いるためにも、間違った方向に京都を動かされることには、少なからぬ抵抗を試みたい。

四季の京都。本来なら安寧の言葉を綴り続けるべきなのに、時に苦言、また恨み節が多々あることをご容赦いただきたい。春にはきっと穏やかな言葉を連ねる……つもりだ。

貴船神社
鞍馬寺
由岐神社
くらま
きぶねぐち
にのせ
いちはら
にけんじゃや
きょうとせいかだいまえ
きの
いわくら
はちまんまえ
三千院
大原
延暦寺
比叡山
ケーブルやせ
やせひえいざんぐち
ケーブルひえい
みやけはちまん
こくさいかいかん
宝ケ池
上賀茂神社
上賀茂橋
たからがいけ
妙円寺
新宮神社
修学院離宮
賀茂川
きたやま
まつがさき
鷺森神社
しゅうがくいん
曼殊院
半木神社
高野川
叡山本線
左京区
一乗寺下り松
いちじょうじ
詩仙堂
八大神社
きたおおじ
下鴨神社
ちゃやま
天寧寺
くらまぐち
上御霊神社
相国寺
妙覚寺
烏丸通
もとたなか
でまちやなぎ
いまでがわ
西陣
八神社
銀閣寺（慈照寺）
梨木神社
鴨川
京阪鴨東線
地下鉄烏丸線
京都御所
下御霊神社
哲学の道
東山区
大文字山
如意ヶ岳
堀川通
じんぐうまるたまち
まるたまち
平安神宮
京都市役所
永観堂（禅林寺）
南禅寺
にじょうじょうまえ
からすまおいけ
きょうとしやくしょまえ
ひがしやま
けあげ
湖西線
さんじょう
さんじょうけいはん
辰巳稲荷
知恩院
日向大神宮
中京区
錦天満宮
からすま
かわらまち
ぎおんしじょう
しじょう
八坂神社
長楽寺
河原町通
建仁寺
高台寺
山科区
烏丸通
八坂の塔
みささぎ
地下鉄東西線
ごじょう
きよみずごじょう
安祥院
地主神社
清水寺
やましな
渉成園
方広寺
けいはんやましな
やましな
東本願寺
しちじょう
妙法院
智積院
下京区
三十三間堂
東海道本線
きょうと
とうふくじ
とうふくじ
万寿寺
ひがしの
とうじ
くじょう
東海道新幹線
東福寺
じゅうじょう
とばかいどう
なぎつじ
ふしみいなり
伏見稲荷
いなり
伏見区
かみとばぐち
ふかくさ
奈良線
名神高速道路
くいなばし
地下鉄東西線
おの
奈良街道
城南宮
ふじのもり
たけだ
藤森神社
醍醐寺
阪神高速京都線
近鉄京都線
京阪本線
だいご
外環状線
JRふじのもり
いしだ

京都市内広域図

栂尾
槇尾
高山寺
神護寺
西明寺
高雄
嵐山高雄パークウェイ
常照寺
北区
大徳寺
金閣寺（鹿苑寺）
船岡山
上京区
右京区
龍安寺
等持院
大報恩寺（千本釈迦堂）
仁和寺
北野天満宮
大覚寺
嵯峨嵐山
妙心寺
達磨寺（法輪寺）
千本通
嵐電北野線
山陰本線
二条城
広隆寺
天龍寺
嵐山
嵐電嵐山本線
松尾大社
阪急嵐山線
桂川
山陰道
西大路通
西本願寺
西芳寺（苔寺）
西京区
天神川
桂離宮
東寺
JR京都線（東海道本線）
南区
阪急京都本線
向日市
東海道新幹線
トロッコあらしやま
さがあらしやま
トロッコさが
うたの
おむろにんなじ
りょうあんじ
みょうしんじ
とうじいん
きたのはくばいちょう
なるたき
ときわ
うずまさ
はなぞの
えんまち
あらしやま
らんでんさが
ろくおういん
くるまざきじんじゃ
ありすがわ
かたびらのつじ
うずまさこうりゅうじ
かいこのやしろ
うずまさてんじんがわ
らんでんてんじんがわ
にしおおじおいけ
にじょう
やまのうち
にしおおじさんじょう
さい
さいいん
おおみや
しじょうおおみや
まつお
たんばぐち
にしきょうごく
かみかつら
かつら
にしおおじ
かつらがわ
らくさいぐち
むこうまち
ひがしむこう
N
1

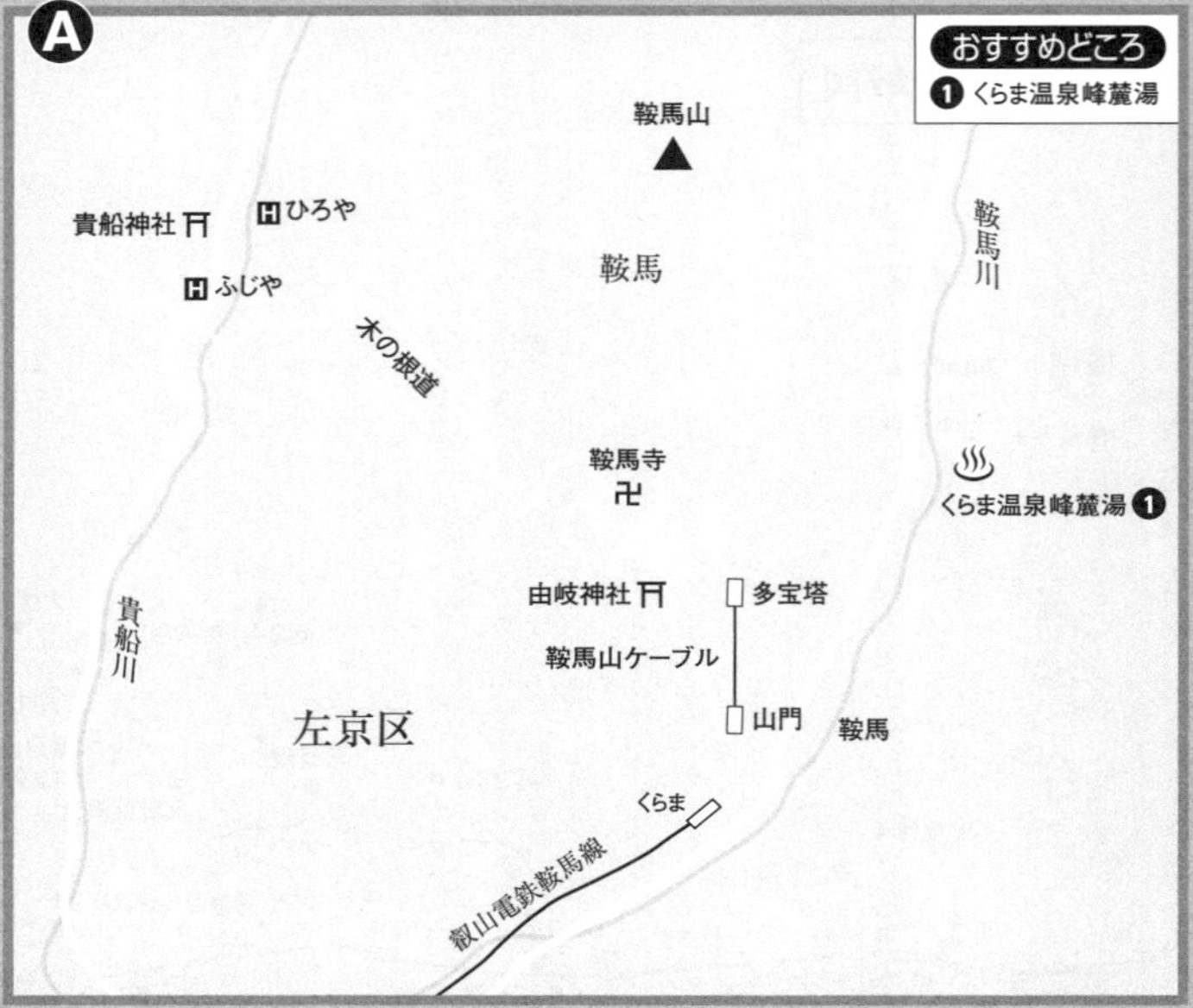
A
おすすめどころ
❶ くらま温泉峰麓湯
鞍馬山
貴船神社
ひろや
ふじや
鞍馬
木の根道
鞍馬川
鞍馬寺
くらま温泉峰麓湯 ❶
由岐神社
多宝塔
鞍馬山ケーブル
貴船川
左京区
山門
鞍馬
くらま
叡山電鉄鞍馬線

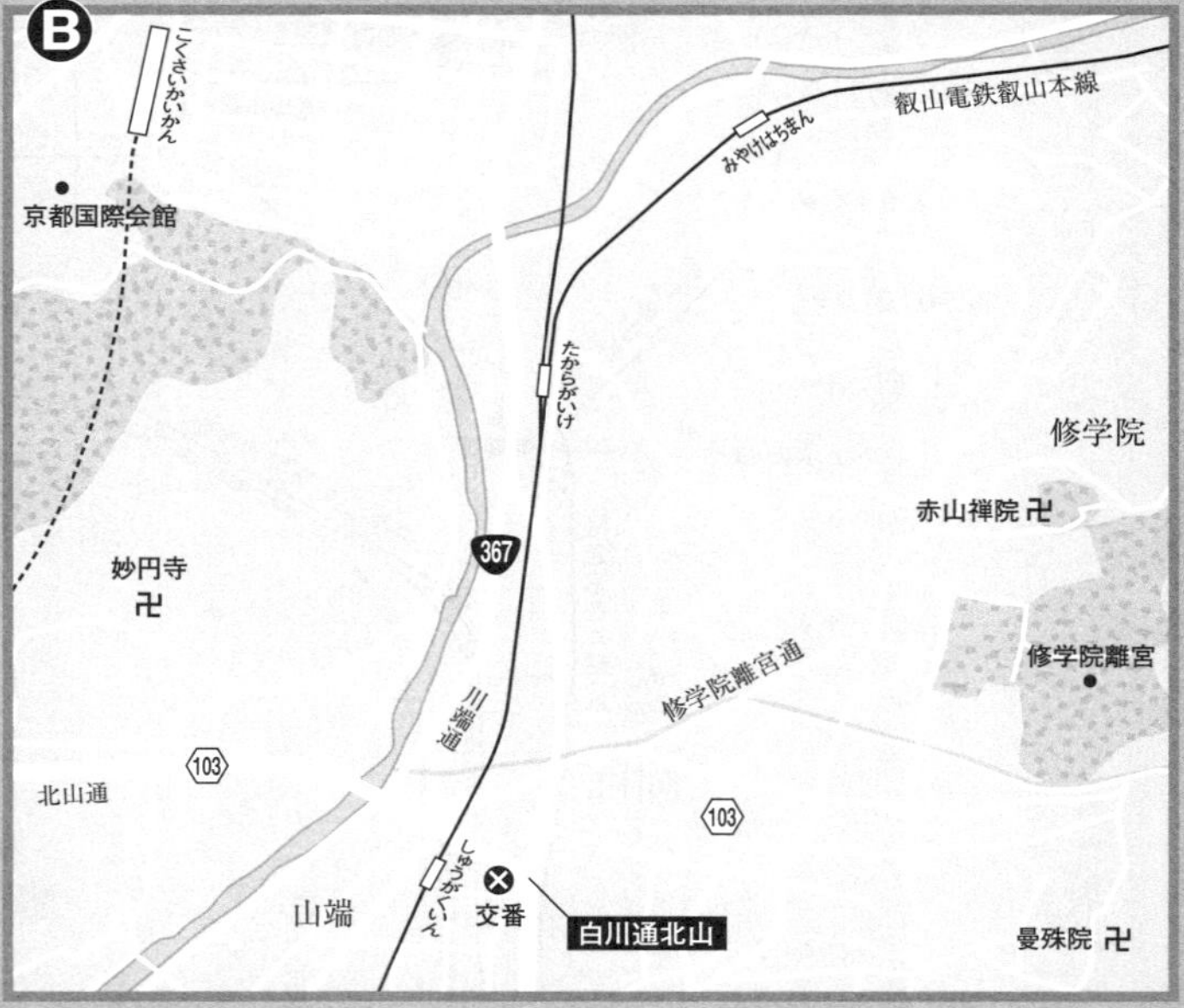
B
こくさいかいかん
京都国際会館
叡山電鉄叡山本線
みやけはちまん
たからがいけ
修学院
赤山禅院
367
妙円寺
修学院離宮通
修学院離宮
川端通
103
北山通
103
しゅうがくいん
交番
山端
白川通北山
曼殊院

C
おすすめどころ
2 京菓子司 満月
洛北高・中
40
疏水分流
高野
障害者スポーツセンター
いちじょうじ
北大路通
下鴨本通北大路
高野橋
交番
修学院中
下鴨本通
ホリデイ・イン京都
北大路通
高野
181
下鴨神社
東大路通
北白川疏水溝
ちゃやま
糺の森
高野川
東大路通鞍馬口
東鞍馬口通
田中
河合神社
御蔭橋
叡山電鉄叡山本線
もとたなか
御蔭通
葵橋東詰
養生小
葵公園
京都大学
河合橋
でまちやなぎ
出町橋
2 京菓子司 満月
知恩寺（百萬遍）
農学部
賀茂大橋
でまちやなぎ
百万遍
理学部
今出川通
東今出川通
工学部
体育館
京都大学
吉田山公園
教育学部
鴨川公園
第四錦林小
左京区役所
東山東一条
吉田神社
精華女子高・中
京阪鴨東線
東大路通
吉田
医学部
東山近衛
荒神橋
真如堂
京都大学附属病院
金戒光明寺
181
聖護院御殿荘
じんぐうまるたまち
聖護院

D
おすすめどころ
3 植物園北遺跡の石標
4 山家
5 幸楽屋
6 畑かく
40
3 植物園北遺跡の石標
きたやま
北山通
北山大橋西詰
元町小
北山大橋
半木神社
賀茂
府立植物園
堀川北山
小山
交番
新町通
衣棚通
室町通
38
今宮通
下鴨
京都府立大
賀茂川
鳳徳小
きたおおじ
小柳南通
北大路橋
367
山家 4
北大路通
紫野通
紫野南通
烏丸北大路
紫明小
交番
堀川通
大谷大・短大
地下鉄烏丸線
加茂街道
烏丸紫明
堀川北大路
京都教育大
京都中・小
紫明通
幸楽屋 5
天寧寺
鞍馬口町
堀川紫明
くらまぐち
大泉寺
下鴨小
上御霊神社
水火天満宮
6 畑かく
上御霊前通
本法寺
出雲路
京都産業大附属高・中
光明寺
宝鏡寺
烏丸中
阿弥陀寺
堀川寺之内
室町小
相国寺
堀川通
シティ
いまでがわ
同志社大
今出川通
上京区役所
同志社女子大
今出川通
堀川今出川
西陣織会館
レジーナ
烏丸今出川
河原町今出川
武者小路通
寺町通
32
38
上京中
交番
烏丸通
京都御所
梨木神社
河原町通

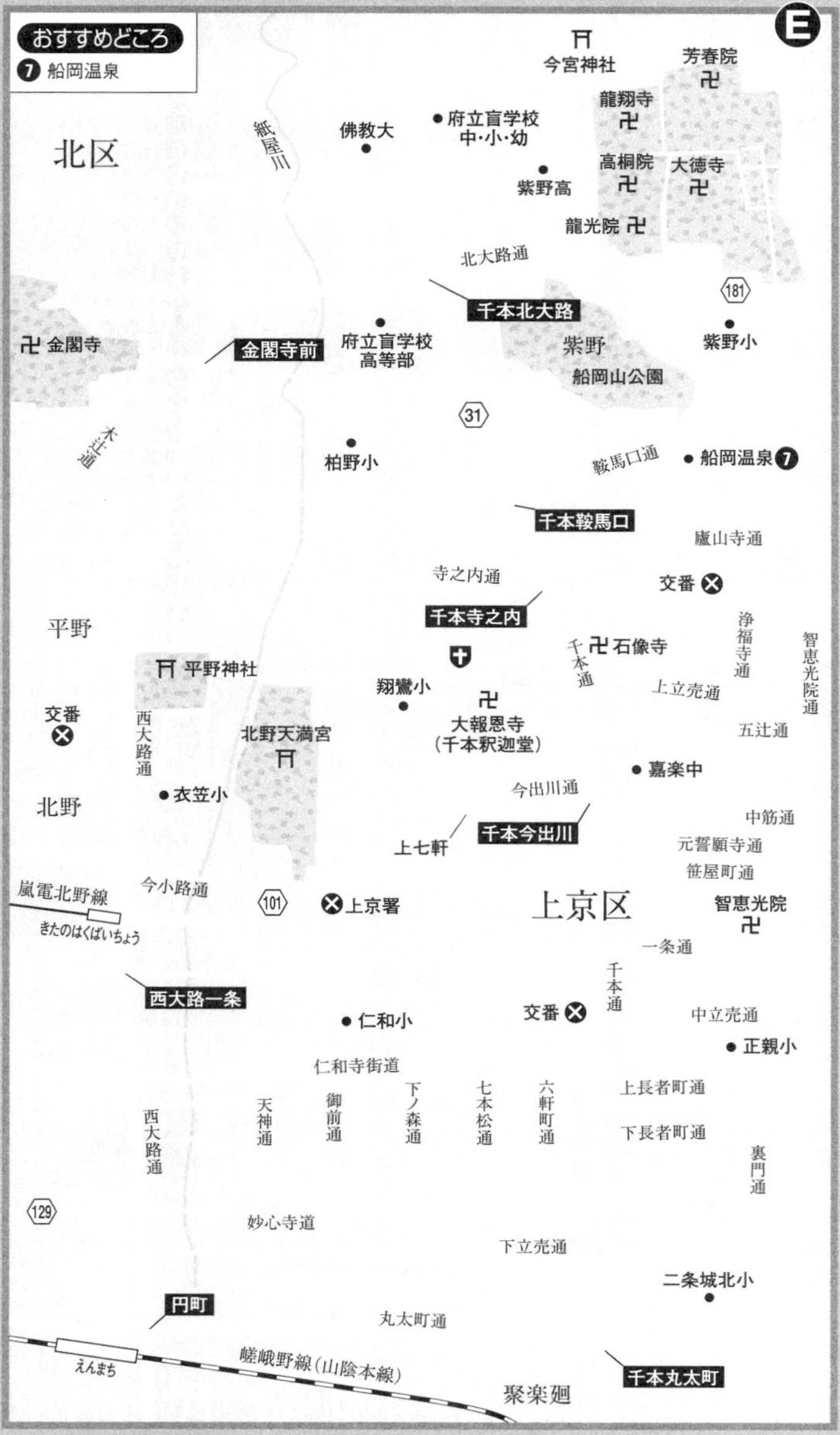
E
おすすめどころ
7 船岡温泉
北区
紙屋川
佛教大
府立盲学校
中・小・幼
今宮神社
芳春院
龍翔寺
高桐院
大徳寺
紫野高
龍光院
北大路通
千本北大路
181
金閣寺
金閣寺前
府立盲学校
高等部
紫野
紫野小
船岡山公園
31
木辻通
柏野小
鞍馬口通
船岡温泉 7
千本鞍馬口
廬山寺通
寺之内通
交番
千本寺之内
平野
浄福寺通
智恵光院通
石像寺
千本通
平野神社
翔鸞小
上立売通
交番
西大路通
大報恩寺
(千本釈迦堂)
五辻通
北野天満宮
嘉楽中
北野
衣笠小
今出川通
中筋通
千本今出川
上七軒
元誓願寺通
笹屋町通
嵐電北野線
今小路通
101
上京署
上京区
智恵光院
きたのはくばいちょう
一条通
千本通
西大路一条
交番
中立売通
仁和小
正親小
仁和寺街道
上長者町通
天神通
御前通
下ノ森通
七本松通
六軒町通
西大路通
下長者町通
裏門通
129
妙心寺道
下立売通
二条城北小
円町
丸太町通
えんまち
嵯峨野線(山陰本線)
千本丸太町
聚楽廻

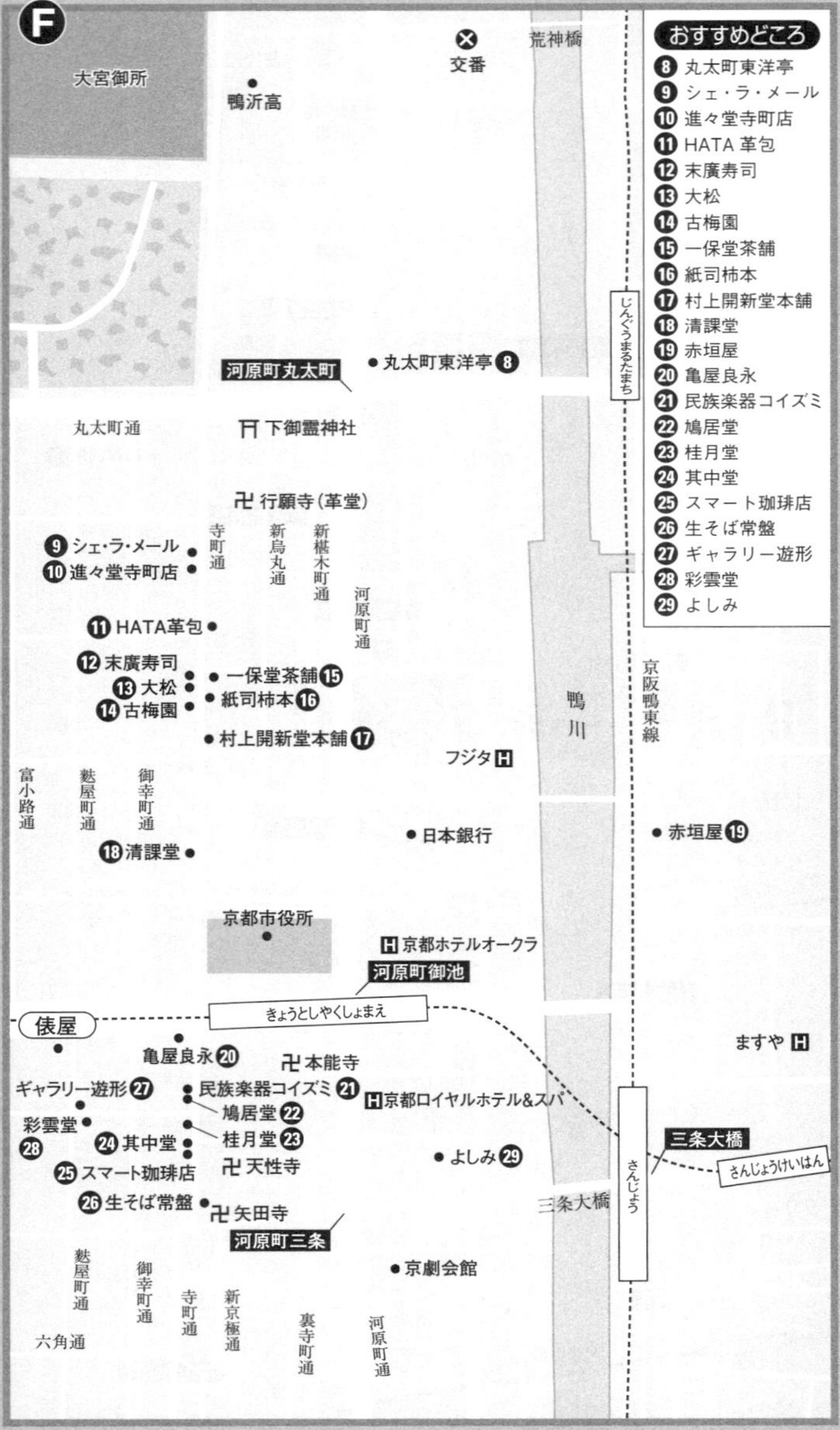
F
おすすめどころ
8 丸太町東洋亭
9 シェ・ラ・メール
10 進々堂寺町店
11 HATA 革包
12 末廣寿司
13 大松
14 古梅園
15 一保堂茶舗
16 紙司柿本
17 村上開新堂本舗
18 清課堂
19 赤垣屋
20 亀屋良永
21 民族楽器コイズミ
22 鳩居堂
23 桂月堂
24 其中堂
25 スマート珈琲店
26 生そば常盤
27 ギャラリー遊形
28 彩雲堂
29 よしみ
大宮御所
鴨沂高
交番
荒神橋
じんぐうまるたまち
河原町丸太町
丸太町東洋亭 8
丸太町通
下御霊神社
行願寺（革堂）
寺町通
新烏丸通
新椹木町通
河原町通
9 シェ・ラ・メール
10 進々堂寺町店
11 HATA革包
12 末廣寿司
13 大松
14 古梅園
一保堂茶舗 15
紙司柿本 16
村上開新堂本舗 17
鴨川
京阪鴨東線
フジタ H
富小路通
麩屋町通
御幸町通
18 清課堂
日本銀行
赤垣屋 19
京都市役所
H 京都ホテルオークラ
河原町御池
きょうとしやくしょまえ
俵屋
ますや H
亀屋良永 20
本能寺
ギャラリー遊形 27
民族楽器コイズミ 21
H 京都ロイヤルホテル&スパ
鳩居堂 22
彩雲堂
28
桂月堂 23
24 其中堂
三条大橋
25 スマート珈琲店
天性寺
よしみ 29
さんじょうけいはん
さんじょう
26 生そば常盤
矢田寺
三条大橋
河原町三条
京劇会館
麩屋町通
御幸町通
寺町通
新京極通
裏寺町通
河原町通
六角通

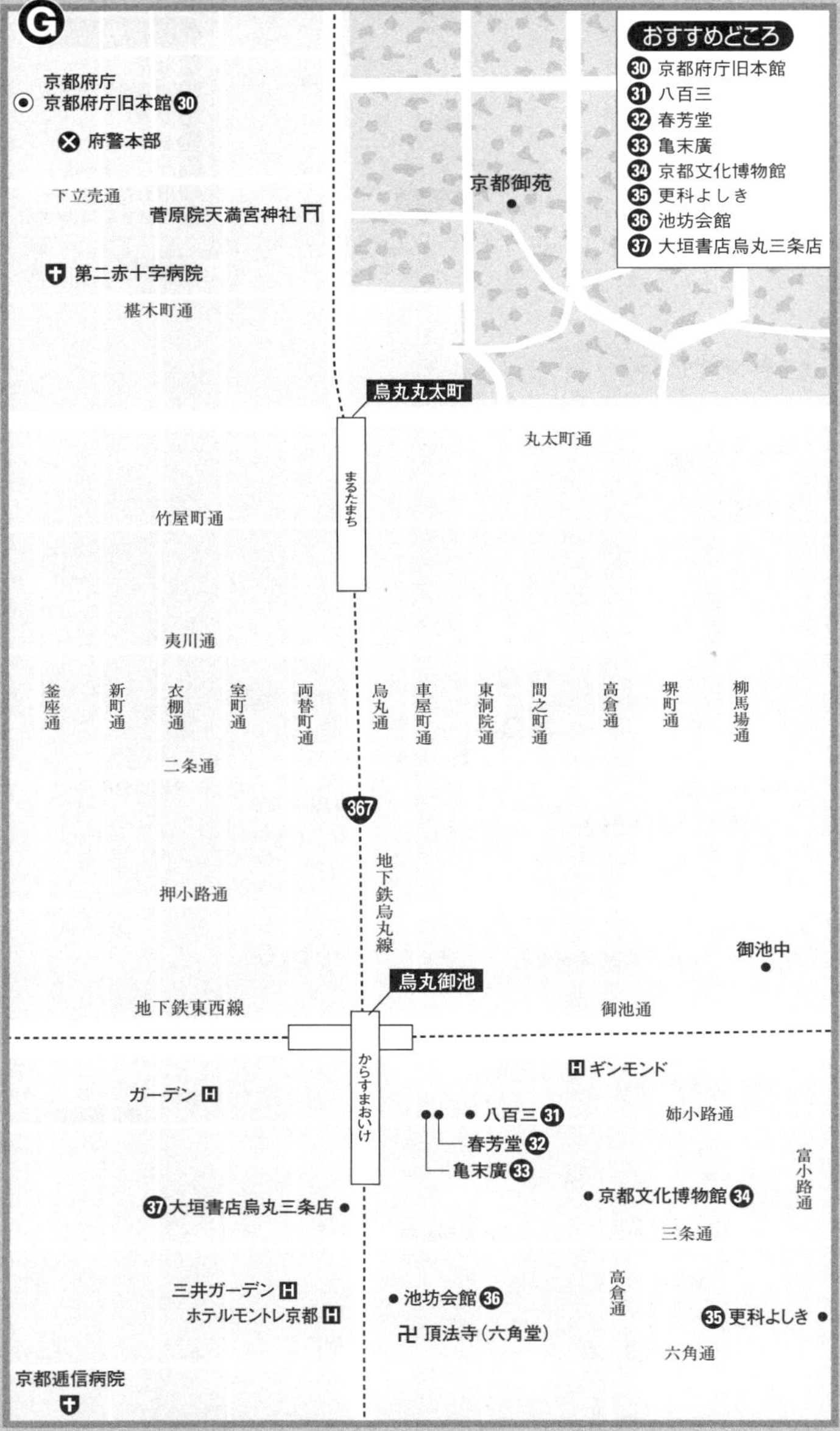
G
おすすめどころ
30 京都府庁旧本館
31 八百三
32 春芳堂
33 亀末廣
34 京都文化博物館
35 更科よしき
36 池坊会館
37 大垣書店烏丸三条店
京都府庁
京都府庁旧本館 30
府警本部
下立売通
菅原院天満宮神社
第二赤十字病院
椹木町通
京都御苑
烏丸丸太町
まるたまち
丸太町通
竹屋町通
夷川通
釜座通
新町通
衣棚通
室町通
両替町通
烏丸通
車屋町通
東洞院通
間之町通
高倉通
堺町通
柳馬場通
二条通
367
地下鉄烏丸線
押小路通
御池中
烏丸御池
地下鉄東西線
御池通
からすまおいけ
ギンモンド
ガーデン
八百三 31
姉小路通
春芳堂 32
亀末廣 33
富小路通
37 大垣書店烏丸三条店
京都文化博物館 34
三条通
高倉通
三井ガーデン
ホテルモントレ京都
池坊会館 36
35 更科よしき
頂法寺（六角堂）
六角通
京都通信病院

H
おすすめどころ
38 辻留
39 お食事処 安さん
40 菱岩
41 鮨まつもと
42 十二段家本店
43 平野家本家
44 京ぎをん 浜作 本店
京都文教高・中
ますや
辻留 38
東山三条
ひがしやま
地下鉄東西線
さんじょうけいはん
お食事処 安さん 39
東大路通
辰己稲荷
巽橋
菱岩 40
知恩院
花見小路通
平野家本家 43
四条通
祇園
八坂神社
祇園
鮨まつもと 41
十二段家本店 42
長楽館
円山公園
祇園甲部歌舞練場
京ぎをん 浜作 本店 44
圓徳院
高台寺
安井金比羅宮
金比羅絵馬館
霊山護国神社
八坂通
143
六道珍皇寺
八坂の塔
松原通
東山区役所

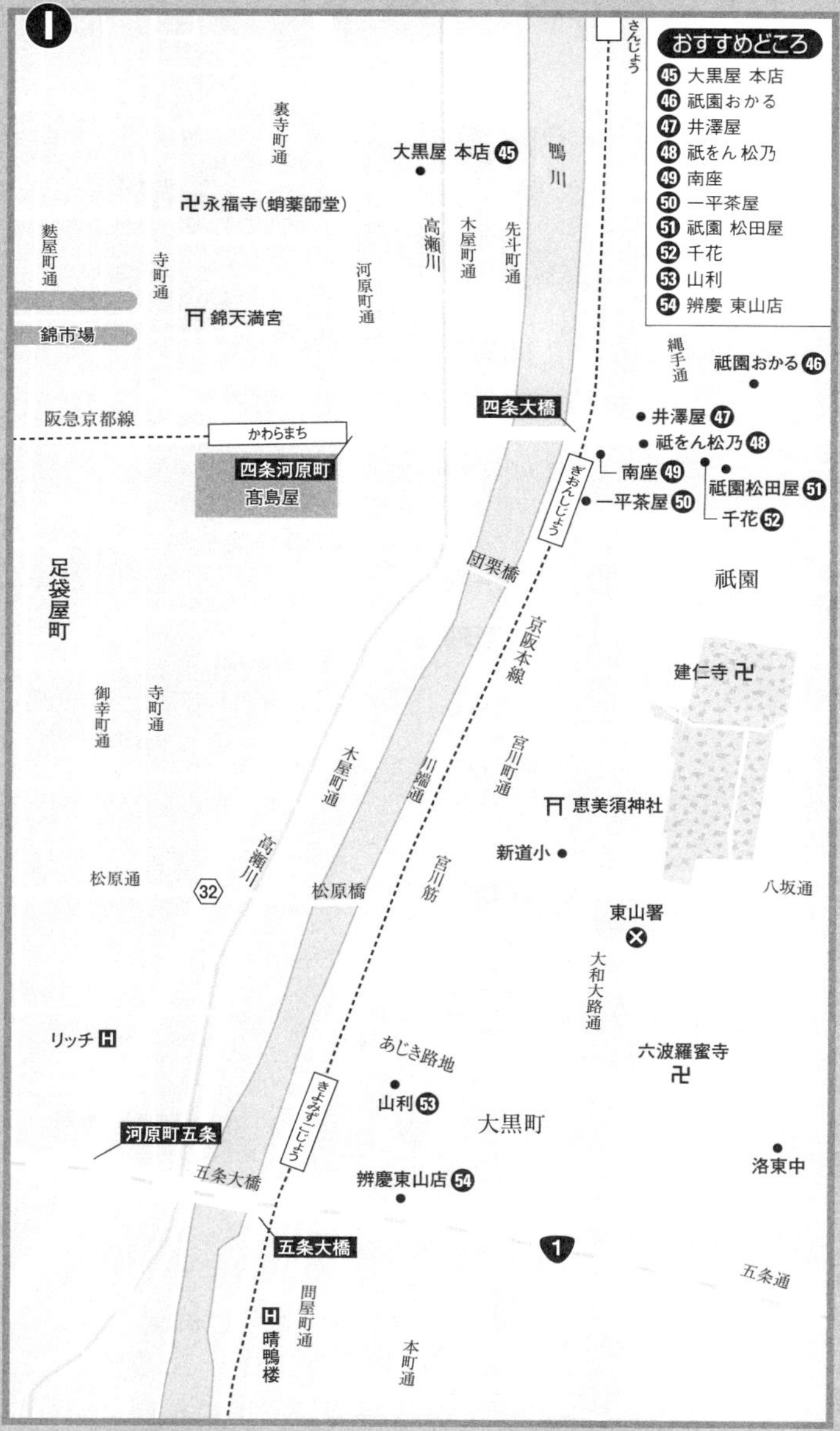
I
おすすめどころ
45 大黒屋 本店
46 祇園おかる
47 井澤屋
48 祇をん松乃
49 南座
50 一平茶屋
51 祇園 松田屋
52 千花
53 山利
54 辨慶 東山店
さんじょう
裏寺町通
大黒屋 本店 45
鴨川
永福寺(蛸薬師堂)
麩屋町通
寺町通
高瀬川
木屋町通
先斗町通
河原町通
錦天満宮
錦市場
縄手通
祇園おかる 46
四条大橋
阪急京都線
かわらまち
四条河原町
髙島屋
井澤屋 47
祇をん松乃 48
南座 49
祇園松田屋 51
一平茶屋 50
千花 52
ぎおんしじょう
団栗橋
祇園
足袋屋町
京阪本線
建仁寺
御幸町通
寺町通
宮川町通
木屋町通
川端通
恵美須神社
高瀬川
新道小
宮川筋
松原通
32
松原橋
八坂通
東山署
大和大路通
リッチ H
あじき路地
六波羅蜜寺
山利 53
大黒町
河原町五条
きよみずごじょう
洛東中
五条大橋
辨慶東山店 54
五条大橋
1
五条通
問屋町通
H 晴鴨楼
本町通

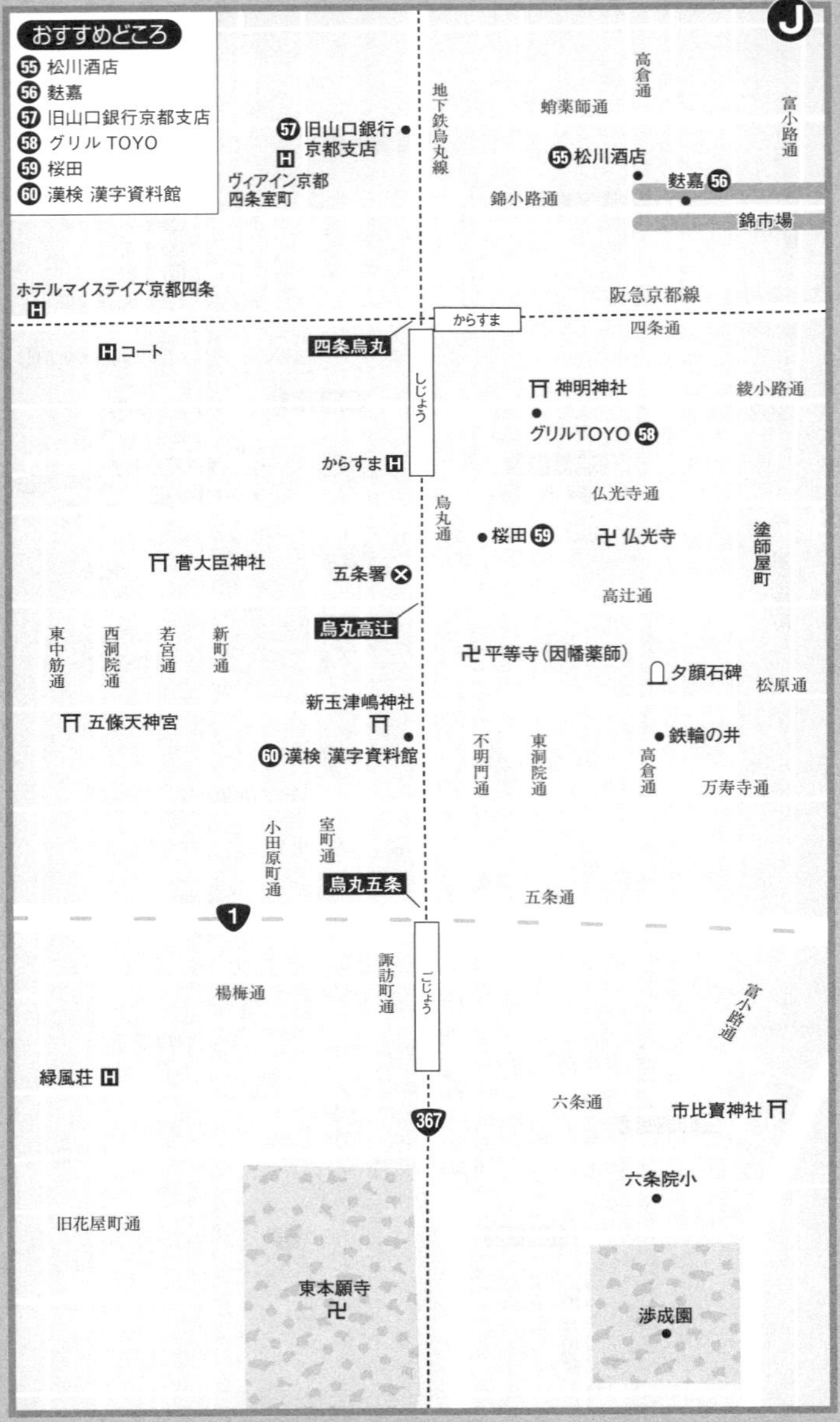
J
おすすめどころ
55 松川酒店
56 魅嘉
57 旧山口銀行京都支店
58 グリル TOYO
59 桜田
60 漢検 漢字資料館
57 旧山口銀行京都支店
ヴィアイン京都四条室町
地下鉄烏丸線
高倉通
蛸薬師通
富小路通
55 松川酒店
魅嘉 56
錦小路通
錦市場
阪急京都線
ホテルマイステイズ京都四条
からすま
四条通
四条烏丸
コート
しじょう
神明神社
綾小路通
グリルTOYO 58
からすま
仏光寺通
烏丸通
桜田 59
仏光寺
塗師屋町
菅大臣神社
五条署
高辻通
烏丸高辻
東中筋通
西洞院通
若宮通
新町通
平等寺(因幡薬師)
夕顔石碑
松原通
新玉津嶋神社
五條天神宮
鉄輪の井
60 漢検 漢字資料館
不明門通
東洞院通
高倉通
万寿寺通
小田原町通
室町通
烏丸五条
五条通
1
諏訪町通
ごじょう
楊梅通
富小路通
緑風荘
六条通
市比賣神社
367
六条院小
旧花屋町通
東本願寺
渉成園

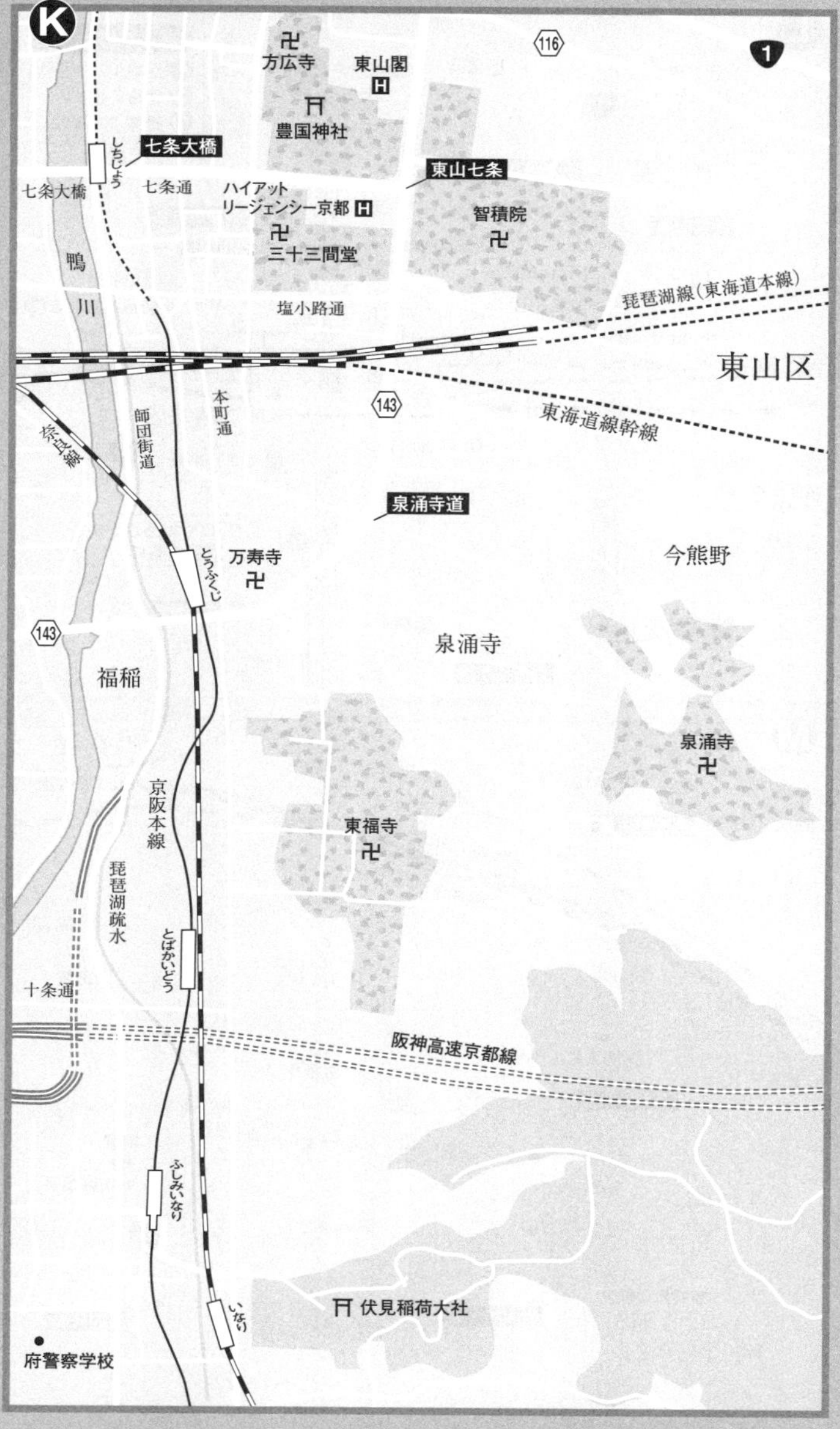
K
1
方広寺
東山閣
豊国神社
116
七条大橋
しちじょう
東山七条
七条大橋
七条通
ハイアット
リージェンシー京都
智積院
三十三間堂
鴨
川
塩小路通
琵琶湖線(東海道本線)
東山区
本町通
師団街道
143
奈良線
東海道線幹線
泉涌寺道
とうふくじ
万寿寺
今熊野
143
泉涌寺
福稲
泉涌寺
京阪本線
東福寺
琵琶湖疏水
とばかいどう
十条通
阪神高速京都線
ふしみいなり
いなり
伏見稲荷大社
府警察学校

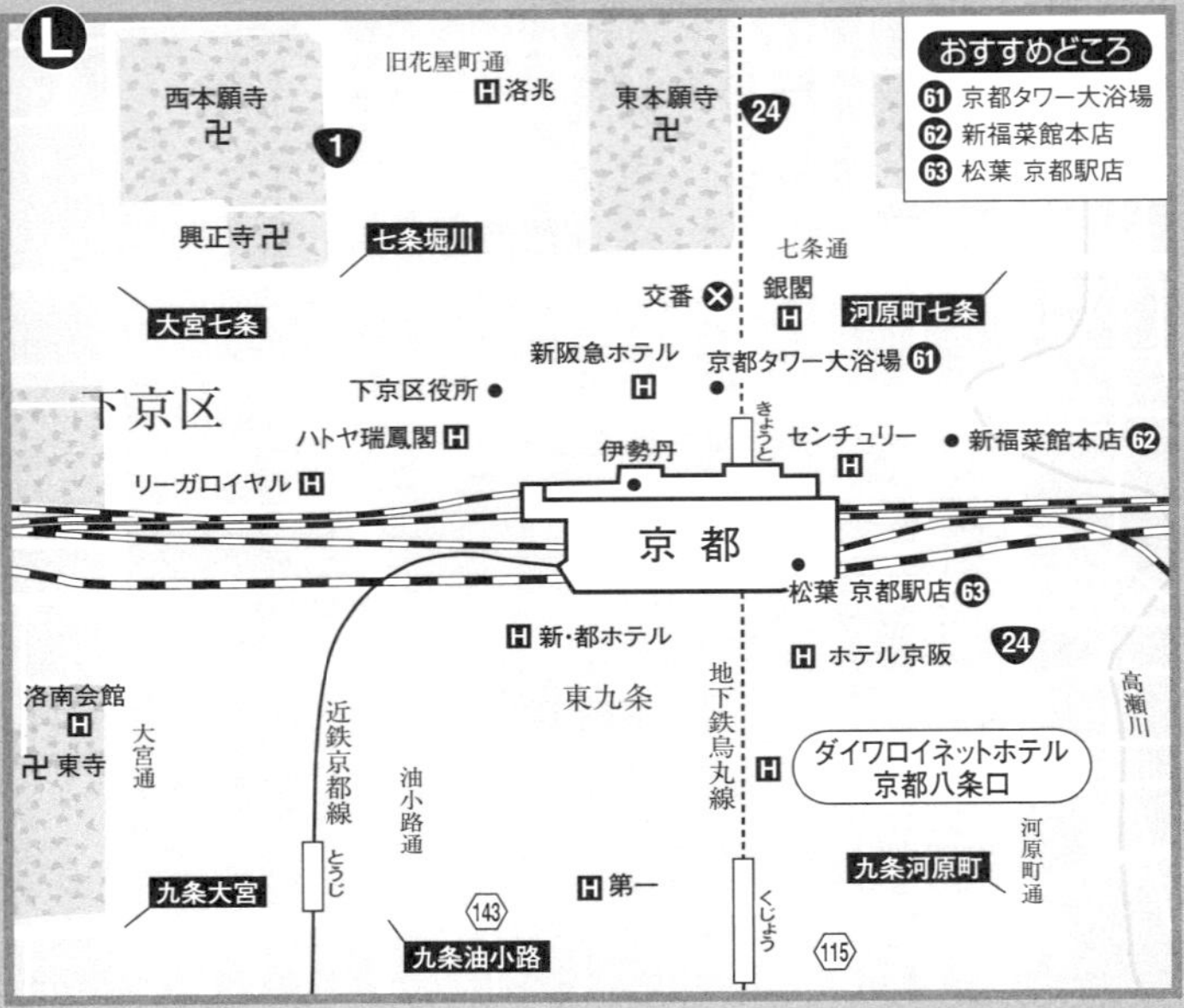
L
おすすめどころ
61 京都タワー大浴場
62 新福菜館本店
63 松葉 京都駅店
旧花屋町通
洛兆
西本願寺
東本願寺
24
1
興正寺
七条堀川
大宮七条
七条通
交番
銀閣
河原町七条
新阪急ホテル
京都タワー大浴場 61
下京区役所
下京区
ハトヤ瑞鳳閣
きょうと
センチュリー
新福菜館本店 62
伊勢丹
リーガロイヤル
京都
松葉 京都駅店 63
新・都ホテル
ホテル京阪
24
東九条
地下鉄烏丸線
高瀬川
洛南会館
東寺
大宮通
近鉄京都線
油小路通
ダイワロイネットホテル
京都八条口
とうじ
河原町通
九条河原町
九条大宮
第一
143
くじょう
九条油小路
115

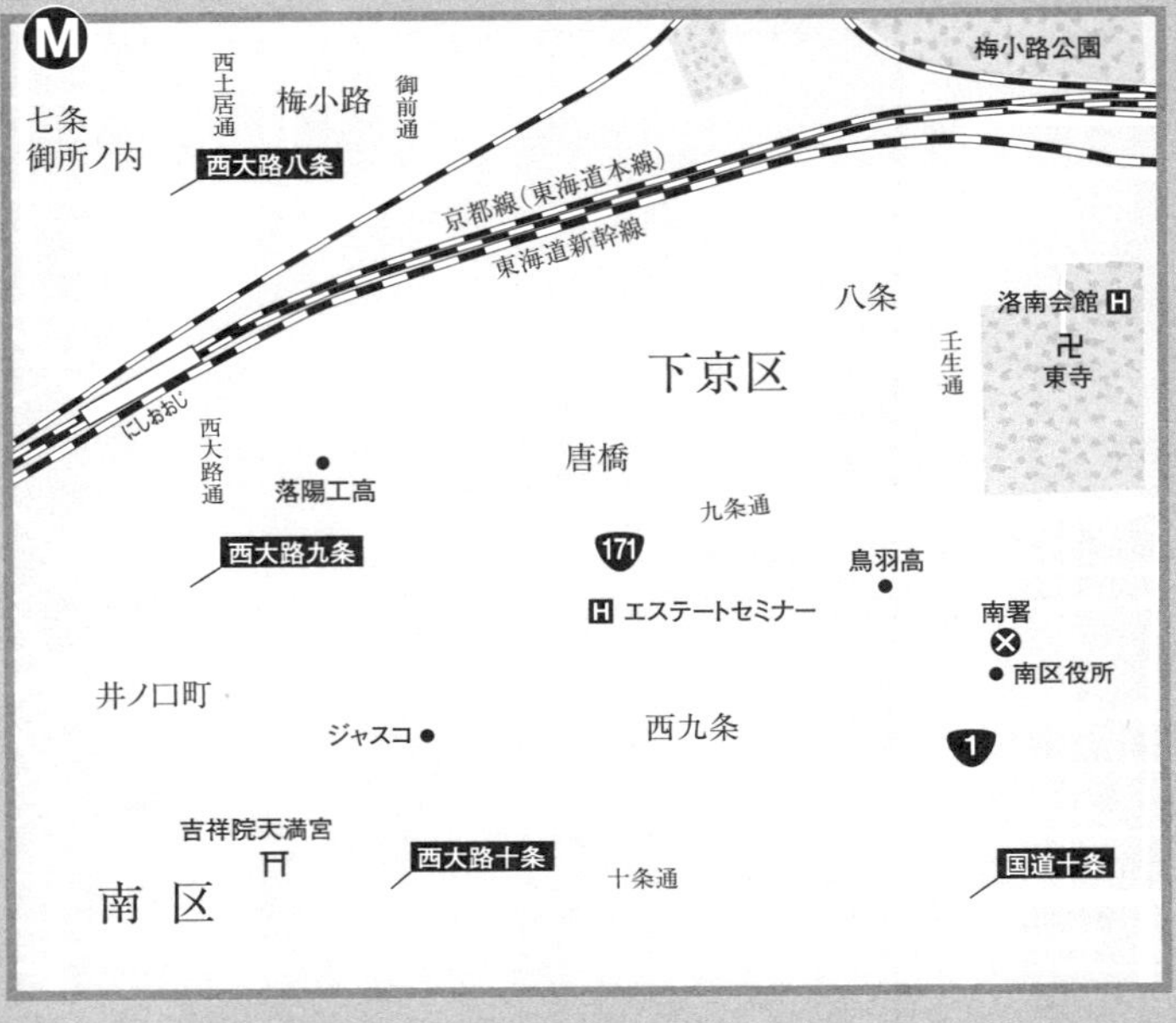
M
梅小路公園
西土居通
梅小路
御前通
七条
御所ノ内
西大路八条
京都線(東海道本線)
東海道新幹線
八条
洛南会館
壬生通
東寺
下京区
にしおおじ
西大路通
唐橋
落陽工高
九条通
西大路九条
171
鳥羽高
エステートセミナー
南署
南区役所
井ノ口町
ジャスコ
西九条
1
吉祥院天満宮
西大路十条
十条通
国道十条
南区

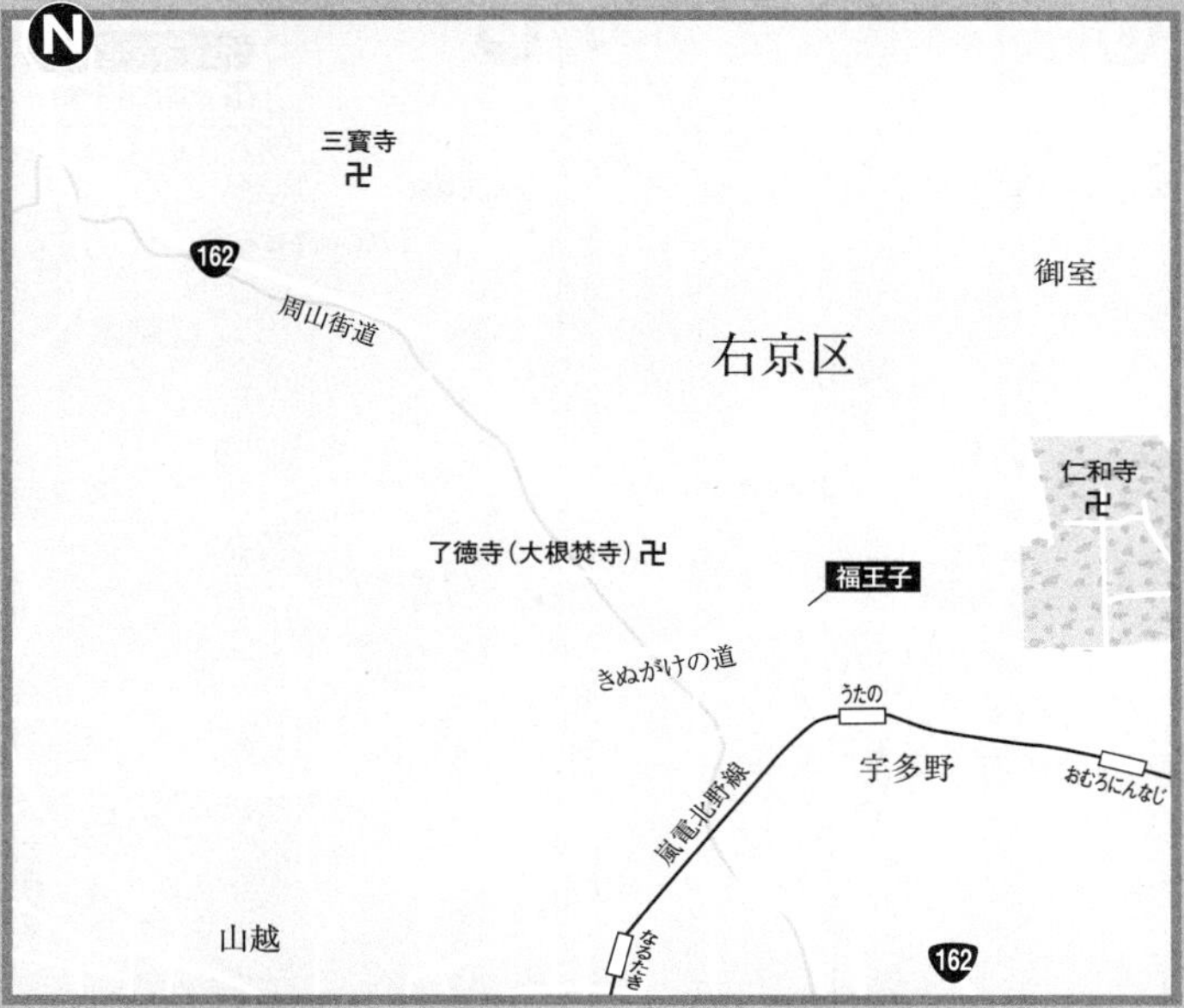
N
三寶寺
162
周山街道
御室
右京区
仁和寺
了徳寺（大根焚寺）
福王子
きぬがけの道
うたの
宇多野
おむろにんなじ
嵐電北野線
山越
なるたき
162

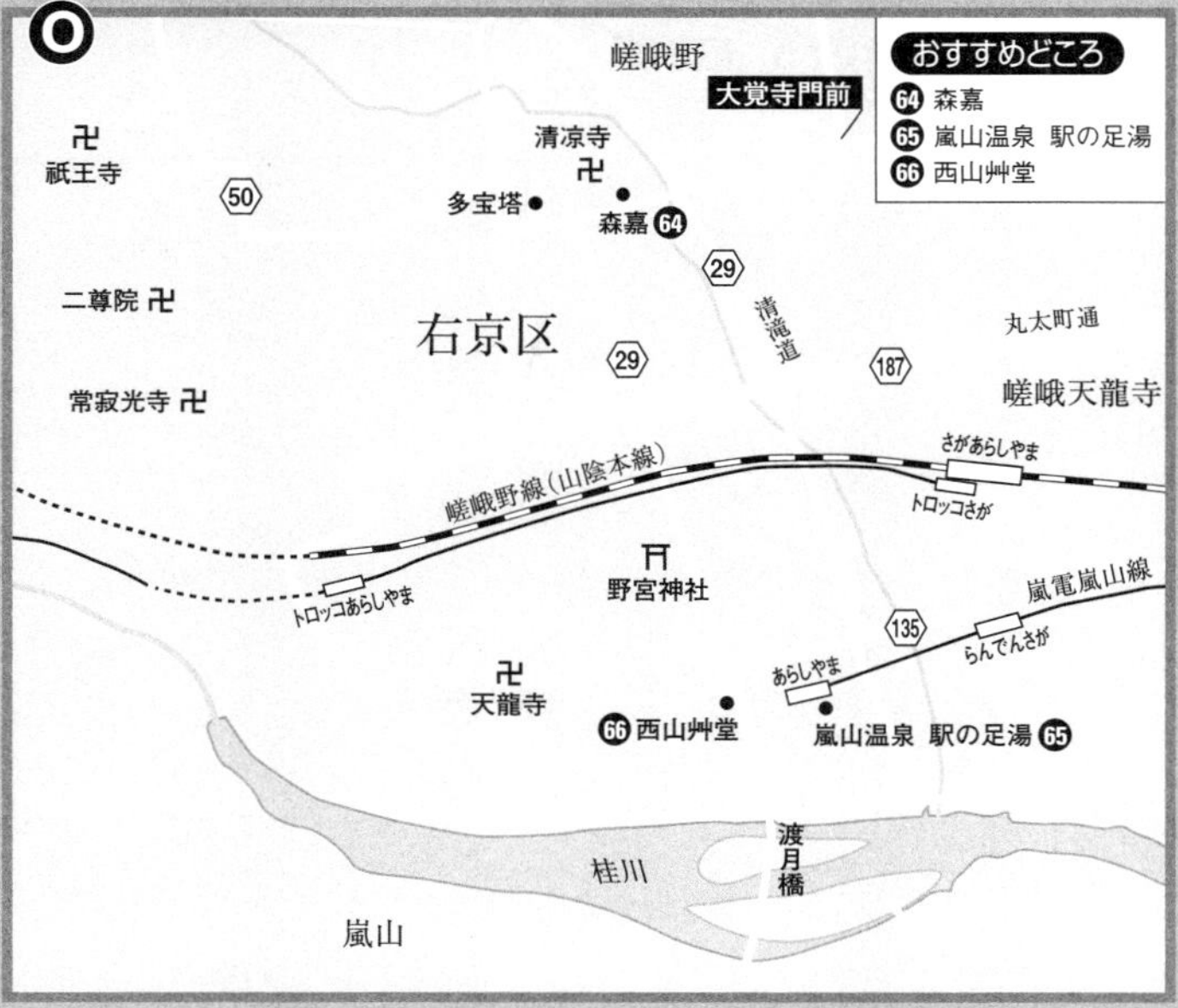
O
嵯峨野
大覚寺門前
おすすめどころ
64 森嘉
65 嵐山温泉 駅の足湯
66 西山艸堂
清凉寺
祇王寺
50
多宝塔
森嘉 64
29
二尊院
右京区
清滝道
丸太町通
29
187
嵯峨天龍寺
常寂光寺
嵯峨野線（山陰本線）
さがあらしやま
トロッコさが
野宮神社
トロッコあらしやま
嵐電嵐山線
135
らんでんさが
あらしやま
天龍寺
66 西山艸堂
嵐山温泉 駅の足湯 65
渡月橋
桂川
嵐山

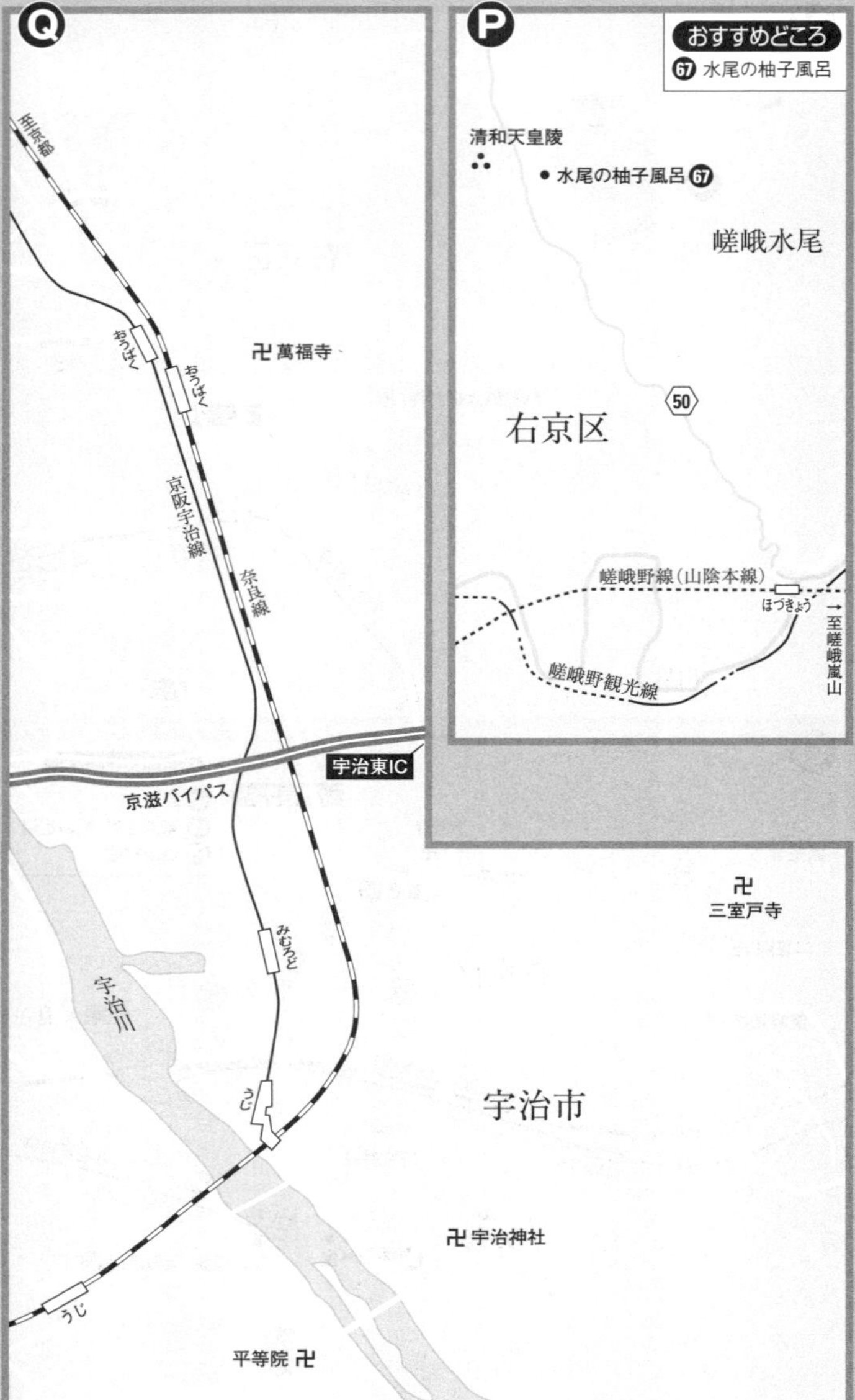
Q
至京都
おうばく
おうばく
萬福寺
京阪宇治線
奈良線
宇治東IC
京滋バイパス
三室戸寺
みむろど
宇治川
うじ
宇治市
宇治神社
うじ
平等院
P
おすすめどころ
67 水尾の柚子風呂
清和天皇陵
水尾の柚子風呂 67
嵯峨水尾
50
右京区
嵯峨野線（山陰本線）
ほづきょう
至嵯峨嵐山
嵯峨野観光線

おすすめどころ
68 しづか楼
69 大津市歴史博物館

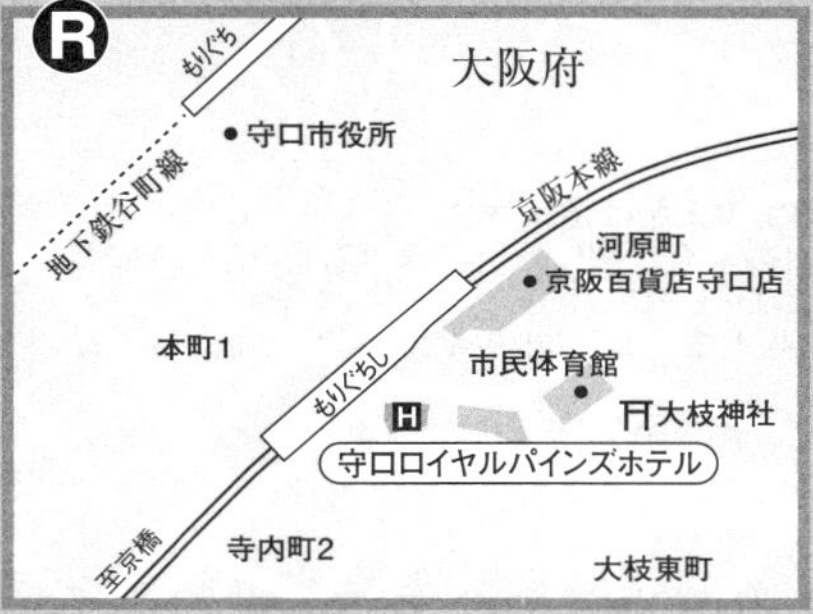
R
大阪府
もりぐち
守口市役所
地下鉄谷町線
京阪本線
河原町
京阪百貨店守口店
本町1
市民体育館
もりぐちし
大枝神社
守口ロイヤルパインズホテル
至京橋
寺内町2
大枝東町

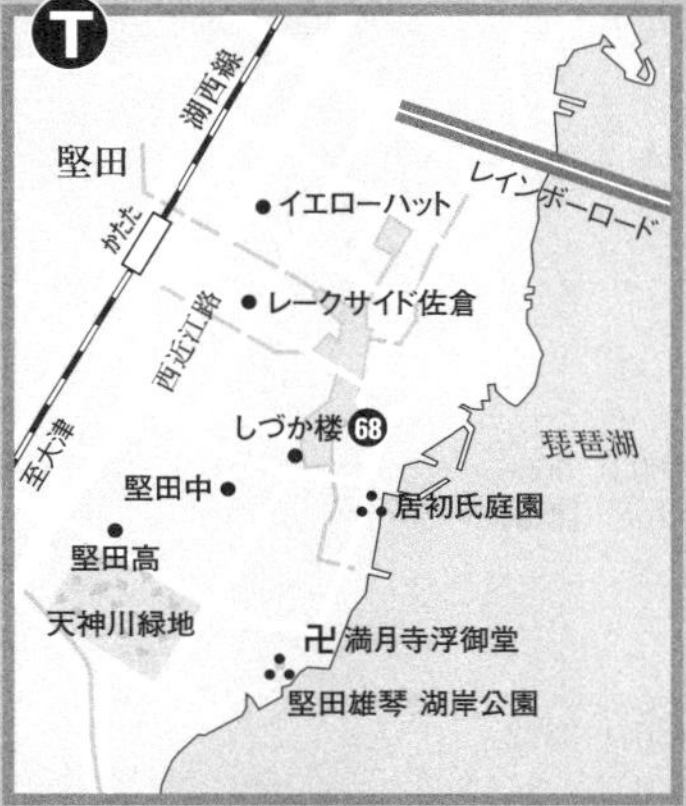
T
湖西線
堅田
かたた
イエローハット
レインボーロード
レークサイド佐倉
西近江路
至大津
しづか楼 68
琵琶湖
堅田中
居初氏庭園
堅田高
天神川緑地
満月寺浮御堂
堅田雄琴 湖岸公園

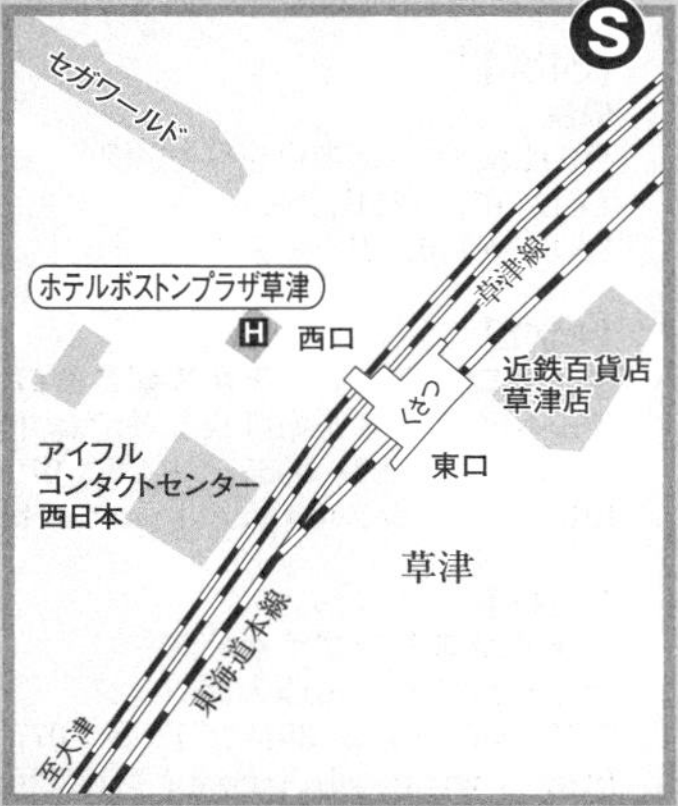
S
セガワールド
ホテルボストンプラザ草津
草津線
西口
近鉄百貨店
草津店
くさつ
アイフル
コンタクトセンター
西日本
東口
草津
東海道本線
至大津

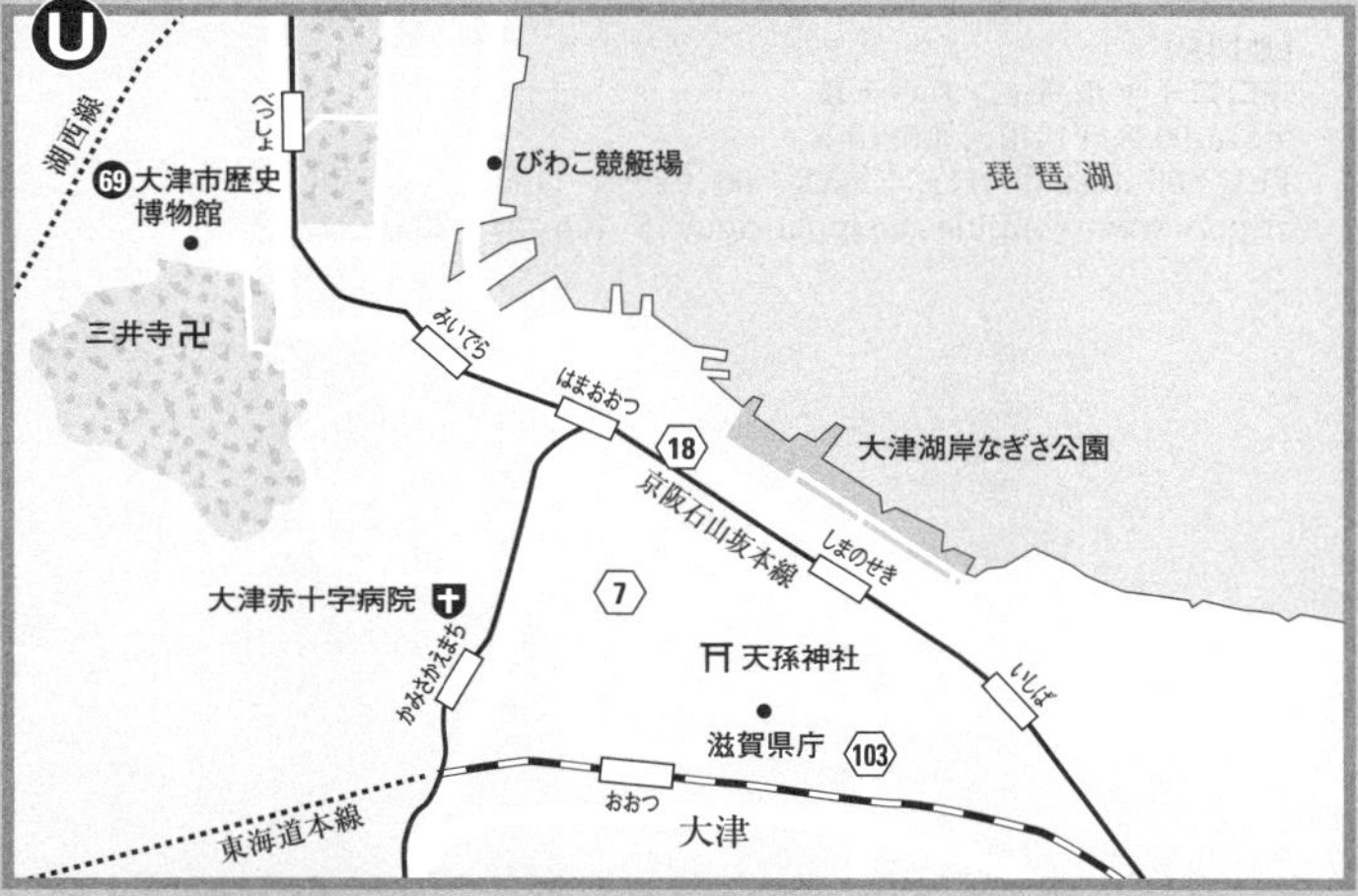
U
湖西線
べっしょ
69 大津市歴史
博物館
びわこ競艇場
琵琶湖
三井寺
みいでら
はまおおつ
18
大津湖岸なぎさ公園
京阪石山坂本線
しまのせき
7
大津赤十字病院
天孫神社
かみさかえまち
いしば
滋賀県庁
103
おおつ
東海道本線
大津

開館時間：9:00〜17:00（展示観覧の入館は16:30まで）
休館日：月曜（祝日・振替休日の場合は開館）、祝日の翌日（土・日曜の場合は開館）、年末年始（12月27日〜1月5日）
常設展示観覧料：大人210円、高大生150円、小中学生100円（企画展・特別展は別料金）
http://www.rekihaku.otsu.shiga.jp/ ［p.191〜195］

■本書に登場する主な宿リスト（地図ごと）

【地図F】
俵屋
〒604-8094 京都市中京区麩屋町御池下ル
TEL：075（211）5566
［p.109〜110、214〜223］

【地図L】
ダイワロイネットホテル京都八条口
〒601-8017 京都市南区東九条北烏丸町9-2
TEL：075（693）0055／FAX：075（693）0056
http://www.daiwaroynet.jp/kyoto-hachi/ ［p.223〜227］

【地図S】
ホテルボストンプラザ草津
〒525-0037 草津市西大路町1-27
TEL：077（561）3311／FAX：077（561）3322
http://www.hotel-bp.co.jp/ ［p.228］

【地図R】
守口ロイヤルパインズホテル
〒570-0038 守口市河原町10-5
TEL：06（6994）1111／FAX：06（6994）1100
http://www.royalpines.co.jp/moriguchi/ ［p.227〜235］

㊸松葉 京都駅店
京都駅2階 新幹線コンコース内（博多方面ホーム下、東京寄り）
TEL：075（693）5595
営業時間：7:00～20:30　年中無休
http://www.sobamatsuba.co.jp/　[p.155～156]

【地図O】
㊹森嘉
〒616-8447 京都市右京区嵯峨釈迦堂藤ノ木町42
TEL：075（872）3955
営業時間：8:00～18:00
定休日：水曜（祝日の場合その翌日休)、火曜不定休　[p.143]

㊺嵐山温泉　駅の足湯
TEL：075（873）2121（嵐山駅）
営業時間：冬季9:00～18:00（受付は17:45まで）　年中無休
利用料：150円（オリジナルタオル付）[p.59～61]

㊻西山艸堂
〒616-8385 京都市右京区嵯峨天龍寺芒ノ馬場町63
TEL：075（861）1609／FAX：075（865）2155
営業時間：11:30～17:00
定休日：水曜、月1回火曜（不定)、年末年始　[p.142～144]

【地図P】
㊼水尾の柚子風呂
TEL：075（861）1994（水尾保勝会）
水尾自治会バスがJR保津峡駅～嵯峨水尾間で運行（要予約）[p.65～67]

【地図T】
㊽しづか楼
〒520-0242 大津市本堅田2-17-13
TEL：077（572）1111／FAX：077（574）3199
営業時間：11:00～19:00（最終入店）　定休日：不定休
http://www.shizukarou.com/　[p.207～210]

【地図U】
㊾大津市歴史博物館
〒520-0037 大津市御陵町2-2
TEL：077（521）2100／FAX：077（521）2666

営業時間：9:30～17:30
定休日：月曜、1月～8月の最終日曜
http://www.kyoto-nishiki.or.jp/omise/tofu/tenpo-049.html ［p.154］

㊼旧山口銀行京都支店
〒604-8152 京都市中京区烏丸通蛸薬師下ル手洗水町645
（現在は商業施設「flowing KARASUMA」となっています）［p.93］

㊽グリルTOYO
〒600-8095 京都市下京区東洞院通綾小路下ル扇酒屋町276
TEL：075（351）2689
営業時間：9:00～15:00、17:00～21:00 定休日：日曜、祝日 ［p.87～88］

㊾桜田
〒600-8414 京都市下京区烏丸仏光寺東入ル一筋下ル匂天神町
TEL：075（371）2552
営業時間：11:30～14:30（LO13:00）、17:00～21:30（LO19:30）
定休日：火曜 ［p.85～87］

㊿漢検 漢字資料館
〒600-8418 京都市下京区烏丸通松原下ル五条烏丸町398
TEL：075（352）8300
開館時間：10:00～17:00（最終入館16:30）
休館日：土曜、日曜、祝日 入場料：無料
http://www.kanken.or.jp/shiryokan/index.html ［p.79～80］

【地図L】
61京都タワー大浴場
〒600-8216 京都市下京区烏丸七条下ル（JR京都駅正面）京都タワービル地下3階
TEL：075（361）3215／FAX：075（361）2913
営業時間：7:00～20:30（入場20:00まで） 年中無休
入浴料金：大人750円、小学生以下450円 ※タオル、石けん、シャンプー、リンス、ドライヤー使用を含む（バスタオルは100円）
http://www.kyoto-tower.co.jp/kyototower/bath/index.html ［p.58～59］

62新福菜館 本店
〒600-8213 京都市下京区東塩小路向畑町569
TEL：075（371）7648
営業時間：7:30～22:00 年中無休
http://www.shinpuku.net/ ［p.58］

㊾南座
〒605-0075 京都市東山区四条大橋東詰
TEL：075（561）1155
http://www.shochiku.co.jp/play/minamiza/ ［p.15〜18］

㊿一平茶屋
〒605-0801 京都市東山区川端四条南
TEL：075（561）4052（できれば予約）
営業時間：12:00〜21:00（LO20:30） 定休日：木曜
http://www.eonet.ne.jp/~ippeizyaya/ ［p.135〜137］

51祇園 松田屋
〒605-0074 京都市東山区祇園町南側570-123
TEL：075（561）3338
営業時間：18:00〜21:30（最終入店）
定休日：月曜（祝前日の場合は営業） ［p.17］

52千花
〒605-0074 京都市東山区祇園町南側584
TEL：075（561）2741／FAX：075（541）6758
定休日：火曜（祝日の場合は営業）
営業時間：昼12:00〜14:00、夜17:00〜22:00（要予約）
http://www.kyotochihana.com/ ［p.169］

53山利
〒605-0837 京都市東山区新宮川町通五条上ル山田町499
TEL：075（561）2396
営業時間：8:00〜16:00 定休日：日曜 ［p.153〜155］

54辨慶 東山店
〒605-0847 京都市東山区五条大橋東入ル東橋詰町30-3
TEL：075（533）0441
営業時間：11:30〜27:00（LO） 定休日：日曜日 ［p.160〜161］

【地図Ｊ】
55松川酒店
〒604-8126 京都市中京区高倉通錦小路上ル貝屋町569-2
TEL：075（221）0817
営業時間：16:00〜22:30 定休日：日曜 ［p.145〜146］

56麩嘉
〒604-8127 京都市中京区錦小路堺町角菊屋町534-1
TEL：075（221）4533／FAX：075（221）1608

営業時間：11:30〜14:00、17:00〜22:00（LO20:30）
定休日：木曜、第3水曜
http://www.junidanya.com/ ［p.146〜148］

㊸平野家本家
〒605-0071 京都市東山区円山公園内
TEL：075（525）0026／FAX：075（531）3232
営業時間：11:00〜20:30（LO20:00） 年中無休
http://www.imobou.com/ ［p.156〜158］

㊹京ぎをん 浜作 本店
〒605-0825 京都市東山区祇園八坂鳥居前下ル下河原町498
TEL：075（561）0330、075（561）1693／FAX：075（561）8007
営業時間：昼11:30〜14:30（LO）、夜17:00〜21:00（LO）
定休日：水曜
http://www.hamasaku.com/ ［p.172〜174］

【地図Ⅰ】
㊺大黒屋 本店
〒604-8022 京都市中京区木屋町蛸薬師西入ル南車屋町281
TEL：075（221）2818
営業時間：11:30〜21:00 定休日：火曜
http://www.daikoku-ya.jp/ ［p.152〜153］

㊻祇園おかる
〒605-0078 京都市東山区祇園八坂新地富永町132 おかるビル1F
TEL：075（541）1001
営業時間：11:00〜15:00、17:00〜2:30（金曜・土曜〜3:00、日曜〜1:00）
年中無休 ［p.158〜159］

㊼井澤屋
〒605-0075 京都市東山区四条通大和大路西入中之町211-2
TEL：075（525）0130／FAX：075（561）0740
営業時間：10:30〜21:00 定休日：なし
http://www.izawaya.co.jp/ ［p.37〜38］

㊽祇をん 松乃
〒605-0075 京都市東山区祇園南座東四軒目
TEL：075（561）2786／FAX：075（561）2881
営業時間：11:30〜21:00（LO20:30） 定休日：木曜（不定休）
http://matsuno-co.com/ ［p.137〜138］

定休日：日曜　[p.113〜114]

㊱池坊会館
〒604-8134 京都市中京区六角通東洞院西入堂之前町235
※いけばな資料館
　TEL：075（221）2686
　開館時間：9:00〜16:00　入館料：無料
　休館日：土曜、日曜、祝日、年末年始
http://www.ikenobo.jp/　[p.99〜100]

㊲大垣書店烏丸三条店
〒604-8166 京都市中京区烏丸通三条上ル 烏丸ビル1階
TEL：075（212）5050／FAX：075（212）5030
営業時間：平日・土曜9:30〜23:00、日曜・祝日10:00〜22:00
定休日：なし
http://www.books-ogaki.co.jp/　[p.102〜104]

【地図H】
㊳辻留
〒605-0005 京都市東山区三条大橋東入ル三町目
TEL：075（771）1718
予約受付：9:00〜18:00　年中無休　[p.16]

㊴お食事処 安さん
〒605-0004 京都市東山区大和大路通三条下ル東入ル若松町400-56 市営21棟208
TEL：075（561）8577
営業時間：16:00〜23:00　定休日：水曜　[p.149〜150]

㊵菱岩
〒605-0088 京都市東山区新門前大和大路東入ル西之町213
TEL：075（561）0413／FAX：075（541）5882
営業時間：11:00〜20:30（要予約）　定休日：日曜、最終月曜　[p.16]

㊶鮨まつもと
〒605-0074 京都市東山区祇園町南側570-123
TEL：075（531）2031
営業時間：12:00〜13:30、17:30〜21:30（最終入店）
定休日：水曜の昼、火曜　[p.17]

㊷十二段家本店
〒605-0074 京都市東山区祇園町南側570-128
TEL：075（561）0213／FAX：075（561）6412

㉙よしみ
〒604-8005 京都市中京区河原町通三条上ル一筋目東入ル
TEL：075（252）4110
営業時間：16:30〜23:00　定休日：日曜　［p.164〜165］

【地図G】
㉚京都府庁旧本館
〒602-8570 京都市上京区下立売通新町西入ル藪ノ内町
内部公開日：平日（祝日及び年末年始を除く）10:00〜17:00
見学料：無料
※問合せ・事前予約は府有資産活用課 資産活用担当まで
　TEL：075（414）5433 ／ FAX：075（414）5450
http://www.pref.kyoto.jp/qhonkan/　［p.95］

㉛八百三
〒604-8185 京都市中京区姉小路通東洞院西入ル
TEL：075（221）0318 ／ FAX：075（221）2930
営業時間：9:00〜18:00　定休日：日曜、祝日、第三木曜
［p.105〜108］

㉜春芳堂
〒604-8185 京都市中京区姉小路通烏丸東入ル車屋町260
TEL：075（221）2400
［p.105］

㉝亀末廣
〒604-8185 京都市中京区姉小路通烏丸東入ル
TEL/FAX：075（221）5110
営業時間：8:30〜18:00　定休日：日曜、祝日、正月　［p.104〜106］

㉞京都文化博物館
〒604-8183 京都市中京区三条高倉
TEL：075（222）0888 ／ FAX：075（222）0889
開館時間：常設展10:00〜19:30（入場は19:00まで）、特別展10:00〜18:00（金曜は19:30まで延長）
休館日：月曜（祝日の場合その翌日休）
入場料：常設展 大人500円、大学生400円、小中高生無料（特別展は別途）
http://www.bunpaku.or.jp/　［p.93］

㉟更科よしき
〒604-8074 京都市中京区富小路通三条下ル朝倉町536 富小路マンション1F
TEL：075（255）9837
営業時間：11:30〜15:00（LO14:30）、17:00〜21:00（LO20:30）

㉒鳩居堂
〒604-8091 京都市中京区寺町姉小路上ル下本能寺前町520
TEL：075（231）0510／FAX：075（221）5987
営業時間：10:00〜18:00
定休日：日曜（日曜を含む連休の場合は日曜営業、12月は無休）、1/1〜1/4
http://www.kyukyodo.co.jp/ ［p.110〜111、121］

㉓桂月堂
〒604-8081 京都市中京区寺町通三条上ル天性寺前町541
TEL/FAX：075（231）1652
営業時間：10:00〜19:00　定休日：水曜　［p.111〜112］

㉔其中堂
〒604-8081 京都市中京区寺町通三条北
TEL：075（231）2971／FAX：075（212）0934
営業時間：10:00〜19:00（日曜、祝日12:00〜18:00）
定休日：第2・4日曜
http://web.kyoto-inet.or.jp/people/kiraya/ ［p.120〜121］

㉕スマート珈琲店
〒604-8081 京都市中京区寺町通三条上ル
TEL：075（231）6547／FAX：075（231）6548
営業時間：8:00〜19:00（2Fランチタイム11:00〜14:30）
定休日：喫茶無休、ランチ火曜
http://www.smartcoffee.jp/ ［p.119〜120］

㉖生そば常盤
〒604-8081 京都市中京区寺町三条上ル東側
TEL/FAX：075（231）4517
営業時間：11:00〜20:00　定休日：水曜
http://www.geocities.jp/masamasa1974/tokiwa.html ［p.114〜117］

㉗ギャラリー遊形
〒604-8092 京都市中京区姉小路通麩屋町東入ル
TEL：075（257）6880
営業時間：10:00〜19:00
定休日：第1・3火曜（4・5・10・11月は無休）1月1日（12/31は16:00閉店）
［p.109〜110］

㉘彩雲堂
〒604-8092 京都市中京区姉小路通麩屋町東入ル姉大東町552
TEL/FAX：075（221）2464
営業時間：9:00〜18:00　定休日：水曜　［p.108〜109］

TEL：075（231）1531／FAX：075（231）0272
営業時間：9:00～17:30　定休日：日曜、祝日　[p.126]

⑮一保堂茶舗
〒604-0915 京都市中京区寺町通二条上ル
TEL：075（211）3421／FAX：075（241）0153
営業時間：9:00～19:00（日曜・祝日は18:00まで）、喫茶室嘉木11:00～17:00　定休日：正月のみ
http://www.ippodo-tea.co.jp/　[p.126、134]

⑯紙司柿本
〒604-0915 京都市中京区寺町通二条上ル常盤木町54
TEL：075（211）3481／FAX：075（211）5674
営業時間：9:00～18:00
http://www.e385.net/kamiji/　[p.125～126、134]

⑰村上開新堂本舗
〒604-0915 京都市中京区寺町通二条上ル東側
TEL：075（231）1058
営業時間：10:00～18:00　定休日：日曜、祝日、第3月曜　[p.125～126]

⑱清課堂
〒604-0932 京都市中京区寺町通二条下ル妙満寺前町462
TEL：075（231）3661
営業時間：10:00～18:00　定休日: 日曜、祝日
http://www.seikado.jp/　[p.124～125]

⑲赤垣屋
〒606-8385 京都市左京区孫橋町9
TEL：075（751）1416
営業時間：17:00～23:00　定休日：日曜、日曜に続く祝日　[p.162～164]

⑳亀屋良永
〒604-8091 京都市中京区寺町通御池下ル下本能寺前町504
TEL：075（231）7850／FAX：075（251）0066
営業時間：8:00～18:00　定休日：日曜、第1・第3水曜　[p.122～123]

㉑民族楽器コイズミ
〒604-8091 京都市中京区寺町御池下ル518
TEL：075（231）3052
営業時間：11:00～20:00　定休日：火曜
http://www.koizumigakki.com/　[p.121]

TEL：075（441）3735
営業時間：平日15:00〜25:00、日曜・祝日8:00〜25:00
定休日：火曜
入浴料：大人340円、中人130円、小人60円、サウナ350円　［p.62〜65］

【地図F】
⑧丸太町東洋亭
〒602-0877 京都市上京区河原町通丸太町上ル東側桝屋町370
TEL：075（231）7055
営業時間：11:30〜14:00（入店13:45まで）、17:30〜21:30（入店20:00まで）
定休日：月曜（祝日の場合その翌日休）、正月に臨時休あり　［p.150〜151］

⑨シェ・ラ・メール
〒604-0993 京都市中京区寺町通夷川上ル西側
TEL：075（241）0765／FAX：075（241）0719
営業時間：10:00〜18:00　定休日：水曜
http://www.geocities.jp/chez_la_mere/　［p.127〜128］

⑩進々堂寺町店
〒604-0993 京都市中京区寺町通夷川上ル久遠院前町674
TEL/FAX：075（221）0215
営業時間：7:00〜20:00（カフェは7:30〜19:00、年末年始は18:30まで）
年中無休　［p.127〜128］

⑪HATA革包
〒604-0992 京都市中京区寺町通り夷川上ル藤木町31-1
TEL/FAX：075（213）2320
営業時間：10:00〜19:00　定休日：水曜（祝日の場合は営業）
http://www.h3.dion.ne.jp/~hata/　［p.127］

⑫末廣寿司
〒604-0916 京都市中京区寺町通二条上ル要法寺前町711
TEL/FAX：075（231）1363
営業時間：10:00〜19:00　定休日：月曜
http://web.kyoto-inet.or.jp/people/tokio/　［p.126、133〜134］

⑬大松
〒604-0916 京都市中京区寺町通二条上ル要法寺前町712
TEL：075（256）0118／FAX：075（255）0270
営業時間：9:00〜18:00　定休日：日曜、祝日　［p.126］

⑭古梅園
〒604-0916 京都市中京区寺町通二条上ル要法寺前町716-1

■本書に登場する主な店舗・施設リスト（地図ごと）

【地図A】
①くらま温泉峰麓湯
〒601-1111 京都市左京区鞍馬本町520
TEL：075（741）2131
営業時間：10:00～21:00（露天風呂は冬季20:00終了）、食事処 11:00～20:00（日により早く終了する場合あり）
休み：なし（10月22日の営業は要問い合わせ）
http://www.kurama-onsen.co.jp/ ［p.56～57］

【地図C】
②京菓子司 満月
〒606-8202 京都市左京区鞠小路今出川上ル
TEL：075（791）4121／FAX：075（712）6885
営業時間：9:00～18:00　定休日：不定休
http://www.ajyarimochi.com/ ［p.34～35］

【地図D】
③植物園北遺跡の石標
北区上賀茂松本町 ［p.94］

④山家
〒606-0826 京都市左京区下鴨西本町7-3
TEL：075（722）0776
営業時間：18:00～24:00（LO23:00）　定休日：木曜
http://www.sunaba.tv/kyoto-yamaga/ ［p.138～140］

⑤幸楽屋
〒603-8146 京都市北区鞍馬口通烏丸東入ル新御霊口町285-59
TEL：075（231）3416
営業時間：9:00～19:00　定休日：日曜 ［p.46～48］

⑥畑かく
〒602-8018 京都市上京区御霊前通烏丸西入内構町430
TEL：075（441）0610／FAX：075（441）5503
営業時間：12:00～21:30（入店19:00まで）　定休日：月曜 ［p.140～142］

【地図E】
⑦船岡温泉
〒603-8225 京都市北区紫野南舟岡町82-1

本書で主に紹介した寺社・店舗・宿リスト

【地図Q】
萬福寺
〒611-0011 宇治市五ヶ庄三番割34
TEL：0774（32）3900／FAX：0774（32）6088
拝観時間：9:00〜17:00（入山受付は16:30まで）
拝観料：大人500円、小中学生300円
※ 普茶料理：営業時間11:30〜14:30（入店は13:00まで）、5日前までの要予約（TEL：0774〈32〉3900、受付時間9:00〜17:00）
http://www.obakusan.or.jp/ ［p.20、51〜52］

平等院
〒611-0021 宇治市宇治蓮華116
TEL：0774（21）2861／FAX：0774（20）6607
開門時間：庭園8:30〜17:30（17:15受付終了）、ミュージアム鳳翔館9:00〜17:00（16:45受付終了）、鳳凰堂内部9:10〜16:10受付（9:30より拝観開始、以後20分毎に1回50名）
拝観料：入園とミュージアム鳳翔館600円、中高生400円、小学生300円（鳳凰堂内部拝観は別途志納金300円）
http://www.byodoin.or.jp/ ［p.21］

【地図T】
満月寺浮御堂
〒520-0242 大津市本堅田1-16-18
TEL：077（572）0455／FAX：077（574）1199
拝観時間：8:00〜17:00　拝観料300円　［p.205〜207］

【地図U】
天孫神社
〒520-0044 大津市京町3-3-36
TEL/FAX：077（522）3593
開門時間：9:00〜19:00　拝観料：なし
http://www.tensonjinja.jp/ ［p.196］

三井寺（園城寺）
〒520-0036 大津市園城寺町246
TEL：077（522）2238
拝観時間：8:00〜17:00　拝観料：大人500円、中高生300円、小学生200円
http://www.shiga-miidera.or.jp/ ［p.191、202〜205］

【地図L】

西本願寺

〒600-8358 京都市下京区堀川通花屋町下ル
TEL：075（371）5181／FAX：075（351）1372
開門時間：5:30〜17:00（11月〜2月）、5:30〜18:00（5〜8月）、5:30〜17:30（3・4・9・10月）　拝観料：なし
http://www.hongwanji.or.jp/　［p.20、122］

興正寺

〒600-8261 京都市下京区七条堀川上ル花園町70
TEL：075（371）0075／FAX：075（371）8509
境内自由
http://www.koshoji.or.jp/re-new/mainpage.htm　［p.89］

東寺

〒601-8473 京都市南区九条町1
TEL：075（691）3325／FAX：075（662）0250
開門時間：夏期（3月20日〜9月19日）5:00〜17:30、冬期（9月20日〜3月19日）5:00〜16:30
拝観料：なし（金堂・講堂・五重塔などは有料、金額は内容によって変動あり）
http://www.toji.or.jp/　［p.24、25、51、83、225〜227］

【地図M】

吉祥院天満宮

〒601-8331 京都市南区吉祥院政所町3（西大路十条西入ル北）
TEL：075（691）5303／FAX：075（691）2205
境内自由　［p.85］

【地図N】

了徳寺（大根焚寺）

〒616-8242 京都市右京区鳴滝本町83
TEL/FAX：075（463）0714
境内自由
http://www.ryoutokuji.or.jp/　［p.23〜24］

三寶寺

〒616-8256 京都市右京区鳴滝松本町32
TEL：075（462）6540／FAX：075（461）0379
境内自由
http://www.sanpouji.or.jp/　［p.23〜24］

菅大臣神社
〒600-8444 京都市下京区仏光寺新町西入ル菅大臣町189
TEL：075（351）6389
拝観時間：9:00〜17:00　拝観料：なし　［p.83〜85］

平等寺（因幡薬師）
〒600-8415 京都市下京区松原通烏丸東入ル因幡堂町728
TEL：075（351）7724
拝観時間：8:00〜17:00　拝観料：なし　［p.25、81〜82］

【地図K】
三十三間堂
〒605-0941 京都市東山区三十三間堂廻り町657
TEL：075（561）0467
開門時間：8:00〜17:00（11月16日〜3月は9:00〜16:00）、受付終了は各30分前　拝観料：大人600円、中高生400円、小人300円
http://sanjusangendo.jp/　［p.20］

伏見稲荷大社
〒612-0882 京都市伏見区深草藪之内町68
TEL：075（641）7331／FAX：075（642）2153
境内自由
http://www.inari.jp/　［p.40〜46］

泉涌寺
〒605-0977 京都市東山区泉涌寺山内町27
TEL：075（561）1551／FAX：075（551）2788
拝観時間：9:00〜16:30（12月1日〜2月末日は16:00まで）
※「心照殿」（宝物館）休館：第４月曜
拝観料：伽藍500円（中学生以下300円）、特別拝観300円
http://www.mitera.org/　［p.52〜55、235］

東福寺
〒605-0981 京都市東山区本町15-778
TEL：075（561）0087／FAX：075（533）0621
開門時間：8:30〜16:30（4月〜10月末）、8:00〜16:30（11月〜12月初旬）、8:30〜16:00（12月初旬〜3月末）
拝観料：通天橋・開山堂 大人400円、小中学生300円、方丈八相庭園 大人400円、小中学生300円
http://www.tofukuji.jp/index2.html　［p.79］

万寿寺
一般には公開されておりません。　［p.79］

【地図Ⅰ】
恵美須神社（京都ゑびす神社）
〒605-0811 京都市東山区大和大路四条下ル小松町125
TEL：075（525）0005／FAX：075（525）0015
受付時間：9:00〜17:00　拝観料：なし
http://www.kyoto-ebisu.jp/ ［p.48〜51］

六波羅蜜寺
〒605-0813 京都市東山区五条通大和大路上ル東入ル轆轤町
TEL：075（561）6980
開門時間：8:00〜17:00（宝物館8:30〜受付終了16:30）
拝観料：宝物館のみ600円、大高中生500円、小学生400円
http://www.rokuhara.or.jp/ ［p.51］

永福寺（蛸薬師堂）
〒604-8046 京都市中京区新京極蛸薬師東側町503
TEL：075（255）3305／FAX：075（223）0208
境内自由 ［p.96〜97］

【地図Ｊ】
東本願寺
〒600-8505 京都市下京区烏丸通七条上ル
TEL：075（371）9181
開門時間：5:50〜17:30（3月〜10月）、6:20〜16:30（11月〜2月）
拝観料：なし
http://www.higashihonganji.or.jp/ ［p.20］

仏光寺
〒600-8084 京都市下京区新開町397
TEL：075（341）3321／FAX：075（341）3120
受付時間：9:00〜15:00　拝観料：なし
http://www.bukkoji.or.jp/ ［p.89〜90］

新玉津嶋神社
〒600-8427 京都市下京区烏丸通松原西入ル玉津島町309
境内自由 ［p.80］

五條天神宮
〒600-8459 京都市下京区松原通西洞院西入ル天神前町351-201
TEL：075（351）7021
拝観時間：日の出〜日没まで　拝観料：なし ［p.77］

TEL／FAX：075（241）3608
開門時間：8:00〜19:30　拝観料：なし　［p.117〜118］

本能寺
〒604-8091 京都市中京区寺町通御池下ル
TEL：075（253）0525
開門時間：6:00〜17:00　拝観料：宝物館のみ 大人500円、中高生300円、小学生250円、修学旅行生200円
http://www.honnoji.co.jp/renaissance/　［p.121〜122］

【地図G】
頂法寺（六角堂）
〒604-8134 京都市中京区六角通東洞院西入堂之前町 248
TEL：075（221）2686
開門時間：6:00〜17:00　拝観料：なし
http://www.ikenobo.jp/rokkakudo/　［p.97〜102、129］

菅原院天満宮神社
〒602-8021 京都市上京区烏丸通下立売下る堀松町406
TEL／FAX：075（211）4769
拝観時間：7:00〜17:00（夏期7:00〜18:00）　拝観料：なし　［p.85］

【地図H】
知恩院
〒605-8686 京都市東山区林下町400
TEL：075（531）2111
開門時間：季節によって異なる（16:30閉門）
庭園拝観料：大人500円、小中学生250円（方丈庭園・友禅苑共通）
http://www.chion-in.or.jp/　［p.21、31］

八坂神社
〒605-0073 京都市東山区祇園町北側625
TEL：075（561）6155／FAX：075（531）1126
境内自由
http://web.kyoto-inet.or.jp/org/yasaka/　［p.35、77〜78、90］

六道珍皇寺
〒605-0811 京都市東山区大和大路通四条下ル4丁目小松町595
TEL：075（561）4129
開門時間：9:00〜16:30　拝観料：なし　［p.117］

境内自由
http://www5.ocn.ne.jp/~yosida/　［p.69〜72］

【地図D】

上御霊神社

〒602-0896 京都市上京区上御霊前通烏丸東入ル上御霊竪町495
TEL：075（441）2260 ／ FAX：075（441）6066
開門時間：7:00〜日没（季節により変更あり）　拝観料：なし
［p.129、142］

【地図E】

北野天満宮

〒602-8386 京都市上京区馬喰町
TEL：075（461）0005 ／ FAX：075（461）6556
開門時間：夏期5:00〜18:00、冬期5:30〜17:30　拝観料：なし
http://www.kitanotenmangu.or.jp/　［p.24、84、171］

大報恩寺（千本釈迦堂）

〒602-8319 京都市上京区五辻通六軒町西入ル溝前町1034
TEL：075（461）5973 ／ FAX：075（461）5974
開門時間：9:00〜17:00　拝観料：なし
※本堂内・霊宝殿宝物を申し出により拝観可（拝観料500円）。［p.21〜23］

【地図F】

下御霊神社

〒604-0995 京都市中京区寺町通丸太町下ル下御霊前町
TEL：075（231）3530
境内自由　［p.129〜130］

行願寺（革堂）

〒604-0991 京都市中京区寺町通竹屋町上ル行願寺門前町17
TEL：075（211）2770
拝観時間：8:00〜16:30　拝観料：なし　［p.51、128〜129］

天性寺

〒604-8081 京都市中京区寺町通三条上ル天性寺前町523
TEL ／ FAX：075（231）3823
境内自由　［p.118〜119］

矢田寺

〒604-8081 京都市中京区寺町通三条上ル天性寺前町523-5

本書で主に紹介した寺社・店舗・宿リスト

※掲載しているお店の営業時間、寺社の拝観時間・拝観料等の情報は変動する可能性があります。詳しくはお出かけ前にお問い合わせください。
※ページ数は本文中掲載ページです。
※地図はp.244～p.259に掲載していますので、ご参照ください。
※寺社の開門・拝観時間は主に「自由に境内を拝観できる時間」を記しております。御朱印・祈祷等の受付時間は、より短くなることが多くありますので、ご注意ください。

■本書に登場する主な寺社リスト（地図ごと）

【広域図】
上賀茂神社
〒603-8047 京都市北区上賀茂本山339
TEL：075（781）0011／FAX：075（702）6618
境内自由、桜門内8:30～16:00（土日祝16:30まで）、特別拝観は10:00～
拝観料：なし（本殿とご神宝拝観は初穂料500円）
http://www.kamigamojinja.jp/　[p.25]

【地図B】
赤山禅院
〒606-8036 京都市左京区修学院開根坊町18
TEL：075（701）5181
開門時間：6:00～18:00　拝観料：なし
http://www.sekizanzenin.com/　[p.51]

妙円寺（松ヶ崎大黒天）
〒606-0943 京都市左京区松ヶ崎東町31
TEL：075（781）5067
開門時間：9:00～16:30　拝観料：なし　[p.51]

【地図C】
知恩寺（百萬遍）
〒606-8225 京都市左京区田中門前町103
TEL：075（781）9171／FAX：075（781）0157
境内自由
http://www.eonet.ne.jp/~hyakusan/　[p.25、31～34]

吉田神社
〒606-8311 京都市左京区吉田神楽岡町30
TEL：075（771）3788／FAX：075（771）2877

柏井壽（かしわいひさし）
1952年京都府生まれ。'76年大阪歯科大学卒業後、京都市北区に歯科医院を開業。生粋の京都人であることから京都関連の、さらには生来の旅好きから、旅紀行のエッセイを執筆。著書に『京都 夏の極めつき』『おひとり京都の秋』『京料理の迷宮』『おひとり京都の愉しみ』（以上、光文社新書）、『Discover Japan 1 日本の魅力、再発見』（監修、エイムック）、『京都 至福のひと皿』（JTBパブリッシング）など多数。柏木圭一郎名義でミステリー「建築学者・京極要平の事件簿」「名探偵・星井裕の事件簿」シリーズを執筆。『有馬温泉「陶泉 御所坊」殺人事件』『京都紫野 菓匠の殺人』（以上、小学館文庫）など。

京都《きょうと》　冬《ふゆ》のぬくもり

2010年12月20日初版1刷発行
2013年7月10日　3刷発行

著　者 ── 柏井壽

発行者 ── 丸山弘順

装　幀 ── アラン・チャン

印刷所 ── 堀内印刷

製本所 ── 関川製本

発行所 ── 株式会社光文社
東京都文京区音羽1-16-6（〒112-8011）
http://www.kobunsha.com/

電　話 ── 編集部03(5395)8289　書籍販売部03(5395)8113
業務部03(5395)8125

メール ── sinsyo@kobunsha.com

ISBN 978-4-334-03600-3

光文社新書

174 京都名庭を歩く 宮元健次

日本一の観光地・京都でとりわけ見所の多い珠玉の庭園群。最新の研究成果を盛り込みながら、世界遺産を含む27名庭を新たな庭園観で描く。庭園リスト・詳細データ付き。

220 京都 格別な寺 宮元健次

世界有数の文化財の宝庫・京都。四季折々のさまざまな表情を見せる千年の都で、時を超え、やすらぎを与える、至高の寺院たちの歴史ドラマを歩く。

276 極みの京都 柏井壽

京都人はアメリカが嫌い!? 京都の「ぶぶ漬け神話」は真っ赤なウソ!?——ガイドブックにも京都検定にも絶対出てこない本当の京都の姿を、食・観光・京都人の心に焦点を当てて描く。

405 京都の空間意匠 12のキーワードで体感する 清水泰博

京都で生まれ育ち、環境との調和を探る建築家が、「見立てる」「巡る」「組む」「間をとる」「光と闇」など、12のキーワードから古都の魅力を新たに探る。五感で愉しむ散策ガイド。

423 おひとり京都の愉しみ 柏井壽

京の路地裏、隠れた名刹、お手頃ランチ、ひとりで行ける割烹に、手軽な宿。ひとり旅だからこそ楽しめる、そんなスポットを紹介。京都通になれる市内詳細地図、店舗リスト付き。

468 京都 夏の極めつき 柏井壽

涼しい山中の寺院を訪ね、ご神水でのどを潤し、名店の鮎に舌つづみ、琵琶湖でクルーズ——思いがけない「夏」の魅力満載の本格ガイド。四季ごとに京都を巡るシリーズ第一弾!

483 おひとり京都の秋 柏井壽

もみじ狩り、月見、花見に、山里の奇祭。正統派割烹やB級洋食屋で秋の味覚に舌鼓。宿坊で癒される。ひとりで行きたい、誰にも教えたくない「穴場中の穴場」満載の京都ガイド。